Wandern
in
Slowenien

Daniela Schetar
Friedrich Köthe

Inhalt

Wandern in Slowenien

Hinweis: Autor und Verlag haben alle Angaben mit größtmöglicher Sorgfalt überprüft. Gleichwohl sind Fehler nicht vollständig auszuschließen. Alle Angaben erfolgen ohne Gewähr.

Wandern in Slowenien

Wandersaison

Für Hochgebirgswanderungen rund um den Triglav beginnt die Saison Mitte Juni, wenn die Wege schneefrei sind und die Hütten ihre Pforten öffnen. Verschiedene Pfade in den Alpen kann man jedoch auch schon im Mai begehen, wenn das Wetter mitspielt. Dann hat man die Natur meist für sich allein. Im Juli und August platzen die Hütten aus allen Nähten, doch wird fast immer irgendeine Liegefläche für die müden Wanderer gefunden. Die Wege im Tal sind fast immer zu begehen, und ein schöner Spätherbst wird bei den Wanderungen um den See von Bohinj die Farbenpracht der Bäume erst richtig zur Geltung bringen.

Anspruch

In der Rubrik ›Die Wanderung in Kürze‹ wird jeweils darauf hingewiesen, ob es sich bei der Wanderung um ei-

ne einfache (+), eine mittelschwere (++) oder eine anspruchsvolle (+++) Tour handelt.

Gehzeiten

Alle aufgeführten Zeiten verstehen sich als reine Gehzeiten. Rechnen Sie bei der Planung einer Tour sicherheitshalber noch etwa ein Fünftel bis ein Viertel der Zeit für Pausen und Abstecher hinzu. Auch Orientierungsschwierigkeiten, ein Wettersturz, abgerutschte Wege oder angeschwollene Bäche können Wanderzeiten erheblich verlängern.

Ausrüstung & Verpflegung

Feste Wanderstiefel sind für alle Touren unerlässlich. Im Triglav Nationalpark und in den Steiner Alpen müssen sie auf alle Fälle auch hochgebirgstauglich sein. Ein Regenschutz (Jacke und Hose) und warme Kleidung sollten stets dabei sein. Da in großen Höhen die Sonne mehr Kraft hat, dürfen auch Sonnenschutzmittel, Sonnenbrille und Kopfbedeckung nicht fehlen.

Bei den meisten Touren gibt es unterwegs Gelegenheit, einzukehren. Trotzdem sollte der Rucksack etwas Proviant und vor allem ausreichend Getränke enthalten, da manchmal die Abstände zwischen den Berghütten recht groß sind oder Hütten überraschend geschlossen sein können.

Öffentliche Verkehrsmittel

Die meisten Wanderungen wurden so ausgewählt, dass die Ausgangs- und Endpunkte nicht nur mit dem eigenen Wagen, sondern auch mit öffentlichen Verkehrsmitteln erreichbar sind. Dies gelang zumindest für die Hochsaison, wenn spezielle Touristenbusse die wichtigen Startpunkte anfahren. Außerhalb der Saison wird man schon einmal ein Taxi nehmen müssen. Auch ist zu bedenken, dass das reguläre Busnetz sich nach den Bedürfnissen der Bevölkerung richtet und am Wochenende stark eingeschränkt ist. Im Text finden Sie Hinweise auf die Busverbindungen, dennoch sollte man in den Informationsbüros die genauen Fahrplanzeiten erfragen.

Karten

Zu empfehlen sind die im Verlag Geodetski Zavod Slovenije herausgegebenen Wanderkarten im Maßstab 1:50 000 des slowenischen Alpenvereins. Auf ihnen sind die Wege in zwei Schwierigkeitsgrade unterteilt, die Berghütten und alle anderen wichtigen Informationen eingezeichnet. Allerdings sind nicht mehr alle Karten im deutschen Buchhandel erhältlich. Sie müssen also gegebenenfalls im Land erworben werden.

Notruf

Allgemeiner Notruf: 112 (Unfallrettung), 113 (Polizei). **Alpines Notsignal**: 6 x pro Minute (alle 10 Sekunden) optisches oder akustisches Signal (Rufen, Pfeifen, Winken), dann 3 Minuten Pause, anschließend die Signale wiederholen. Antwort: 3 x pro Minute ein Signal.

SYMBOLE IN DEN KARTEN

⛺	Gasthaus	↗ʷ͟ᶠ	Wasserfall
⚑	Kirche	○	Quelle
⚒	Bergwerk, aufgelassen	♣	Hervorragender Nadelbaum
⚒	Bergwerk, in Betrieb	⋔	Hervorragender Laubbaum
⚱	Denkmal, Monument	⚲	Aussichtspunkt
✿	Mühle	⚑	Burg, Schloss
✝	Wegkreuz, Gipfelkreuz		
⚲	Höhle		
∴	Archäologische Stätte		

Landschaftliche Vielfalt

Hoch ragen die Gipfel der Ostalpen an der Grenze zu Italien und Österreich im Norden Sloweniens in den Himmel, sanft wie Wellen laufen sie in die Mittelgebirgs- und Hügelwelt zur ungarischen Grenze hin aus. Im Westen und Süden Richtung Meer und Kroatien lockt der wilde Karst mit seinen Höhlen und dunklen Wäldern voller Bären und Wölfe, und schließlich lädt das Azur der Adria zu einer Wanderung entlang der Gestade dieses kleinen Landes im Herzen Europas ein.

Die meisten Landschaften Sloweniens sind geprägt vom hellen, grauweißen Kalkstein und seinen vielfältigen Erosionsformen. Er rieselt in den Bergen und in den Höhlen, rieselt ins Wasser und kreiert locker gelöst die fantastischsten Skulpturen als Säulen und Stämme, die tief unter der Erde verzweigte Tropfsteinhöhlen füllen. Kalkstein, von Wind und Regen abgeschliffen, gerät zu bizarren Gipfelgestalten, zu Felszacken wie Drachenschuppen, zu Platten mit eingefrästen Scharten. Breite, weiß-graue Geröllfelder schieben sich an den Gipfelflanken zu Tale, moosbewachsene Kalkfelsen blinken bleich zwischen den Bäumen hervor, betupft von den Strahlen der Sonne, die schüchtern ins Halbdunkel finden. Und Wasser rieselt durch unbekannte Kalktiefen, wird heiß und drückt sich, reich an Mineralien, nach oben in die Schwimmbäder der Thermen.

Wie entstand diese Welt? Vor langer Zeit zerbrach Pangäa, der Urkontinent, in Seurabia (Nordamerika, Eurasien) und Gondwana (der Rest), beide umgeben von Tethys, dem Urmeer. Sie verschoben sich, brachen weiter, währenddessen lagerten sich auf dem Meeresboden immer neue Schichten unterschiedlicher Zusammensetzung und Dicke ab. Irgendwann – vermutlich 100 Mio. v. Chr. – kollidierte die afrikanische Platte mit der europäischen, Unterstes wurde zuoberst geschoben, Neues verschwand, Altes erblickte das Licht der Welt. 90 Millionen weitere Jahre dauerte das Geschiebe und Gezerre, Gefalte und Geschubse, bis schließlich auch die Meere an den richtigen, heutigen Stellen waren, die Alpen majestätisch und die Kalkgesteine der Hügel und Ebenen bereit waren, sich vom Regenwasser zu Höhlen formen zu lassen.

Was sich unter der Oberfläche von Tethys abspielte, das Gekreuche und Gefleuche von kleinen Tierchen, Korallen und Muscheln, deren Leben und Sterben schuf die Grundlage für das einzigartige Phänomen der slowenischen Landschaft: Kalk überall, in jedem Stein. Jedes Tierchen trug ein wenig dazu bei, seine Überreste wurden in Jahrmillionen zu Fels gedrückt und erhitzt, der schließlich nach oben gefaltet wurde, bereit, vom sauren Regen aufgelöst zu werden.

Kohlensäure frisst sich in den Kalk und schafft bizarre Formen, Wind tut sein Übriges am exponierten Fels und macht ihn schrundig und gratig. Tief unten in der Verschwiegenheit der Unterwelt aber suchen die Bächlein ihre eigenen Wege und knabbern sich leise ihren Weg frei: Rinnen werden zu Tunnel, Löchlein zu Höhlen, winzige Warzen strecken sich den Decken entgegen und sind bald stramme Säulen.

Die schönsten Tropfsteinhöhlen, die gesündesten Thermen, die gewagtesten Klettersteige, die süßesten Nachspeisen – beliebig sind die Superlative, die uns zu Slowenien einfallen. Auf alle Fälle jedoch ist Slowenien ein Land für Naturbegeisterte, die die Vielfalt lieben, die Aktivität ersehnen und die Natur auf Schusters Rappen erleben möchten, sei es auf schmalem Grat im Hochgebirge, auf breitem Weg an den Gestaden eines Sees oder auf einem Pfad am Rande einer tiefen Höhlenschlucht. Es gibt kaum noch ein Land in Europa, das so viel unverfälschte Natur besitzt. Und kaum ein Land, dessen Bewohner so begeisterte Wanderer und Kletterer sind wie die Slowenen.

Sitten und Bräuche

Wussten Sie, dass derjenige, der zum Gipfel eines Berges aufsteigt, denjenigen, der den Gipfelsturm bereits hinter sich hat, zuerst grüßen muss? Hat Letzterer doch bereits eine Glanzleistung vollbracht und damit die Ehre verdient!

Seien Sie auch nicht verwundert, wenn Ihnen beim Überschreiten der ersten Tausend Höhenmeter von Ihrem slowenischen Wanderpartner das ›Du‹ angeboten wird. Die magische Grenze verlangt dies einfach, denn im Gebirge haben die Konventionen der Flachländer keinen Wert und daher auch keinen Bestand.

Oben am Gipfelkreuz bei der Steinpyramide, die den höchsten Punkt markiert, oder an dem kleinen in Fels eingelassenen Stahlstift, an dessen Ende der Bergstempel geschweißt wurde, ist es dann Zeit für den Handschlag. Wer nicht alleine auf den Berg gestiegen ist, freut sich mit seinen Kameraden über die vollbrachte Anstrengung, die fantastische Aussicht und die Mahlzeit aus dem Rucksack mit Käse und Salami, mit Brot und Quellwasser und einem Stück Schokolade. Teilen ist selbstverständlich, ebenso wie der feste Händedruck und der feste Blick in die Augen seines Gegenübers. Die Slowenen sind ein aufrechtes Volk.

Tja – und wenn man nun das erste Mal auf einem bestimmten Gipfel steht und die Begleiter womöglich in einem Alpenverein organisiert sind? Dann ist die Zeit für die Gerichtsverhandlung gekommen: Ein Richter wird bestimmt und einer, der die Fragen stellt – und da die Antwort immer die falsche ist, kommt der Profos ins Spiel. Mit dem Bergseil werden dem Delinquenten drei Streiche auf den Allerwertesten verabreicht, nicht fest, nur gerade so, dass man es spürt und dass alle am Gipfel sich freuen können.

Noch einige Bemerkungen zum leiblichen Wohl, denn wer ins Gebirge geht und in den Berghütten einkehrt, wird mit einigen Gerichten konfrontiert werden, die die mitteleuropäische Zunge verlernt hat zu schmecken.

Suppen und Eintöpfe bilden die Basis der Hüttenkost, aber auch Gulasch wird gereicht und Krainer Würste. Exotischer ist aber der Sterz, in Italien als Polenta aus Maisgries bekannt, in Slowenien aus Buchweizengries (ajdovi žganci) hergestellt. Im Herbst, wenn die Pilze (gobe) aus dem Waldboden schießen, wird man aus ihnen auch auf den Hütten eine den Sterz begleitende Sauce bereiten (oder sie als Suppe reichen). Auch in höchsten Höhen kann der Gast auf den kreidegeschriebenen Tafeln palačinke (Pfannkuchen) finden, mit Marmelade, Nüssen oder Schokolade überzogen. Der Kaffee wird fein gemahlen aufgekocht in die Tassen gegossen – man sollte ein wenig warten, bis das Pulver sich setzt. Und Bier und selbstgebrannter Schnaps sind am Abend eine Selbstverständlichkeit für jeden gestandenen Slowenen. Besonders natürlich am Triglav. Auf den Hütten an den Flanken des höchsten Berges des Landes muss die Geburt als Bürger des Landes gefeiert werden – denn eigentlich darf sich niemand Slowene nennen, der nicht den Gipfel des Dreikopfes beschritten hat. Entsprechend fröhlich kann es also am Fuß des Berges zugehen.

Die Berghütten selbst (dom oder koča genannt) werden von den einzelnen Alpenvereinen unterhalten, die auch den Hüttenwirt bestimmen. Der Wirt verdient am Essen (wobei die Höchstpreise vom Alpenverein festgelegt sind), die Übernachtungsgebühren führt er an den Verein ab (diese sind ebenfalls festgelegt, einheimische sowie Alpenvereinsmitglieder anderer Länder erhalten eine Ermäßigung). Je komplizierter die Bewirtschaftung der Hütte ist, desto teurer ist sie. Die Hütten am Triglav müssen beispielsweise einmal wöchentlich mit dem Hubschrauber versorgt werden. In den Hütten (neben Schlafsälen gibt es teilweise auch Einzel-, Doppel- und Vierbettzimmer) darf man mit sauberer Bettwäsche und einwandfreien Sanitäreinrichtungen rechnen.

Die Welt der Thermen

Die Tradition, die warmen, überall aus der Erde heraussprudelnden Wässer Sloweniens zu nutzen, besteht schon lange. Mit Sicherheit haben bereits die Römer um seine Heilkraft gewusst, und die Überreste ihrer Thermen zeugen von der antiken Badekultur im heutigen Slowenien. Urkundlich verbrieft ist das Wissen um die Heilkraft der Quellen seit 1147.

Aber die eigentliche Blüte der Heilbäder Sloweniens begann in der Zeit der bunten Uniformen, als es sich die österreichisch-ungarische Monarchie im Leben gut gehen ließ. Ein Bad nach dem anderen wurde gegründet und beehrt mit dem Besuch illustrer Gestalten aus Adel, Handel oder Schwerindustrie: So entstanden Bad Radkersburg (Radgona), Rohitsch Sauerbrunn (Rogaška Slatina), Tschatesch (Čatež) und Bad Tüffer (Laško). Man füllte das Mineralwasser Radenska in Flaschen ab, trank es vor Ort, lieferte aber auch nach Wien. Hotelpaläste wurden errichtet, Villen im Wald versteckt, die Tage verbrachte man sein Wasser schlürfend beim Kurkonzert, die Abende im Ballsaal beim Walzer. Mit dem Ersten Weltkrieg war die Ballsaison zu Ende, nur mühselig rappelte man sich zwischen den Kriegen auf die Beine. Und unter Tito wurde der Thermentourismus schließlich eine Angelegenheit sozialistischer Arbeitsbrigaden, die hier, belohnt für herausragende Leistungen auf dem Gebiet der politischen Bildung, ihren Urlaub buchen durften; lauwarmer Malzkaffee aus riesigen Kannen, genormtes Essen auf dem Rollwagen und missmutiges Personal hielten Einzug in die Paläste der K.-u.-k.-Zeit. Zusehends verfiel die Bausubstanz einer ganzen Epoche, man baute lieber neu und beton-ehrlich. Doch irgendwann besann man sich auf sein Erbe, der Auseinanderfall des sozialistischen Jugoslawiens kam hinzu und heute wird viel Geld für Restaurationen investiert. Slowenien ist heute mehr als nur Thermenland, die Wellness hat Einzug gehalten. Großzügige Badelandschaften, Saunadörfer, eine hervorragende medizinische Betreuung, Massagen, Beauty-Aufenthalte – alles, was es gibt, wurde ins Repertoire der slowenischen Thermen aufgenommen.

Aber nicht nur Erholung, auch Heilung bieten die Thermen; die Leistungen und Standards auf medizinischem Gebiet sind eindrucksvoll, und so manches Thermalbad zählt europäische Spitzensportler zu seinen regelmäßigen Gästen. Die Preise sind allemal wettbewerbsfähig, um nicht zu sagen, um einiges günstiger. Das dritte Standbein moderner Thermen, die Pflege und Verschönerung der Gäste, wurde in sozialistischer Zeit arg vernachlässigt, wird heute aber groß geschrieben: Algenpackungen gegen Cellulitis, Peelings mit Heilerde, Massagen, Kosmetik und ein gutes Fitnessangebot gehören heute in Slowenien zum Standardprogramm. Modern und dem Muff eines Krankenparks entwachsen, präsentieren sich die slowenischen Thermen selbstbewusst und attraktiv, und jedes Jahr gesellen sich mehr Besucher aus den Nachbarländern zu den einheimischen Stammgästen.

So haben Orte wie Dolenjske Toplice, Dobrna, Zreče und Lendava im Landesinneren wieder eine sonnige Zukunft vor sich. An den alten Hotelpalästen von Rogaška Slatina wird noch herumrenoviert, aber schon bald können Nostalgiker auch hier wieder elegant kuren. Portorož, der ›Rosenhafen‹ an der Küste, wurde wieder zu einem beliebten Seebad mit Heilwasserbehandlung und allen Aktivitäten, die zu einem erfolgreichen Sommerurlaub für Jung und Alt nötig sind. Die Thalassotherapie mit Heilschlamm aus dem Meer gehört zum Standard der Thermen von Portorož, und wer mag, kann sich auch auf fernöstliche Art verwöhnen lassen.

Und so bilden diese Oasen, die der Konkurrenz aus Mitteleuropa stolz Paroli bieten, eine perfekte Basis zur Erholung von den Strapazen einer anstrengenden Wanderung oder zur Fortsetzung eines entspannenden Spaziergangs.

Von deftig bis zuckersüß

Deftig bäuerlich ist die Küche Sloweniens, allerdings ist es nicht immer einfach, die wahren Köstlichkeiten zu entdecken, denn vielfach haben internationale Gerichte das Originale von den Speisekarten gewischt.

Erst in jüngster Zeit besinnen sich die Köche wieder auf ihre kulinarischen Wurzeln und kehren zum mütterlichen Rezeptbuch zurück. Über hundert verschiedene Suppen werden in Slowenien aufgetischt. Klare Fleischbrühe mit Fleischeinlage (obara) oder mit Hühnchen (kurja obara) werden gehaltvoller, wenn Nudeln (rezanci) oder die in vielen Variationen beliebten ajdovi žganci (s. u.) eingekocht werden.

In der Pilzsaison serviert so gut wie jedes Lokal Suppe mit Pfifferlingen (lisičke) oder Steinpilzen (jurčki), verfeinert mit Sahne. Häufig gibt es auch Kartoffelsuppe (krompirjeva juha) oder Bohnensuppe (fižolova juha). Der Übergang zum Gemüseeintopf enolončnica, in dem alles verkocht wird, was der Küchengarten hergibt, ist fließend. Häufig wird er mit Graupen angedickt. Ein beliebter Eintopf auf den Speisekarten der küstennahen Regionen ist die aus Rauchfleisch, Kraut und Bohnen komponierte jota.

Beliebteste kalte Vorspeise ist der in der Bora luftgetrocknete Schinken aus Istrien, pršut, serviert mit Oliven. Dazu gibt es deftige Wurst (klobasa) aus der hauseigenen Schlachterei und eine riesige Haube zaseka. Diese besteht aus gemahlenem Speck, mit Rauchfleisch eingepökelt.

Štruklji, Strudel, fungiert in Slowenien nicht nur als süßer Nachtisch, sondern salzig gefüllt auch als Vorspeise oder Beilage zum Hauptgericht. Mit Fleisch, Griebenfett oder Estragon verfeinert wird der Strudel gekocht. Der Teig der ajdovi štruklji wird aus Buchweizenmehl geknetet und sieht gräulich aus.

Vielfältig variierbar ist das Nationalgericht schlechthin, die žganci, der italienischen Polenta entsprechend. Sie werden aus Weizengries, Buchweizenmehl oder Mais zu einem dicken Brei gekocht: Zum Frühstück isst man žganci mit Milch und Zucker, gelegentlich aber auch deftig mit ausgelassenem Griebenschmalz übergossen.

Schwein, Ferkel, Hühnchen und häufig auch Poularde (puran) werden zumeist als Braten serviert, während Rindfleisch nicht selten gekocht als Tafelspitz mit Gemüse und Salz- oder Röstkartoffeln auf den Speisekarten steht. Köstlich schmecken die Rindsrouladen zvitki. Im Herbst bereichert Wild die Tafeln und an den Schlachttagen verwandeln sich die Bauernhöfe in improvisierte Gasthäuser, die alle Schlachterzeugnisse – vom Fleisch über Innereien bis zu den vielfältigsten Würsten – auf urige Holztische bringen. Über 20 slowenische Wurstarten gibt es, und die heimische Küche kennt mehr als 50 Variationen, Schweinefleisch zu verarbeiten!

Sloweniens Seen und Flüsse sind die Heimat von Forellen und Karpfen. Forellen werden meist blau oder vom Grill und mit viel Knoblauch und Petersilie serviert. Die Meeresfauna ist im Vergleich zum Artenreichtum der süßen Gewässer recht arm – kein Wunder bei der Dichte der Besiedlung und der großen Zahl von Häfen. Dafür gedeihen aber Miesmuscheln und Tintenfisch, in Slowenien kalamari genannt.

Wer nach all dem noch Platz im Magen hat, kann sich auf eine breite Palette köstlicher Süßspeisen stürzen. Nach den Hauptspeisen kommen die štruklji süß und gefüllt mit Quark (skuta), Mohn (mak), Äpfeln (jabolke) oder Nüssen (orehi) auf den Tisch. Ein Hochgenuss ist die gibanica, Strudelteig in mehrere Lagen geschichtet und mit all den oben beschriebenen Füllungen bestrichen. Die potica ist meist mit Nüssen gefüllt. Der Bienenzuchttradition entspringt eine der ältesten slowenischen Süßigkeiten, die man heute nur noch selten bekommt: Lebzelten, medeno pecivo.

Je nach Jahreszeit und Region werden die Gerichte variiert: Gewürze und Rezepte aus den Nachbarländern beleben die Küche, und die gerade gereiften Beeren, Pilze und Früchte sorgen für den zur Jahreszeit passenden Geschmack. Sloweniens Küche ist sehr bäuerlich und selten kalorienarm. Um die Verdauung zu erleichtern trinkt man zum Essen Wein (vino) oder Bier (pivo). Die Menge wird in deci, also Deziliter, gemessen. Den Abschluss eines gehaltvollen Essens bildet schließlich der türkische Kaffee (turška kava), zu dem man gerne einen Schnaps kippt. Am berühmtesten ist der aus Pflaumen gebrannte Slivovitz (slivovka), der natürlich aus einer heimischen Destillerie stammen muss.

Tour 1

Zwei Wasserfälle

In die Schlucht des Flüsschens Martuljek

Der Ausflug zu den Wasserfällen bei Gozd Martuljek ist einer der beliebtesten der Sommerfrischler von Kranjska Gora, doch wer bis zum zweiten Fall vordringen will, muss recht steile Wege in Kauf nehmen. Belohnt wird der Wanderer mit einer eindrucksvollen Landschaft.

DIE WANDERUNG IN KÜRZE

++
Anspruch

2.30 Std.
Gehzeit

380 m
An-/Abstieg

Charakter: Wegen der (wenigen) steilen Anstiege teils etwas anstrengende Wanderung

Wanderkarte: Turistična karta občine Kranjska Gora, 1:30 000

Einkehrmöglichkeiten: Lipovčeva koča (Juli bis September täglich bis 20 Uhr geöffnet, Mai/Juni und Oktober ausschließlich an den Wochenenden und nur bis 19 Uhr offen)

Anfahrt: Mit dem Pkw nach Gozd Martuljek fahren, wo uns ein Hinweisschild den Weg zum Parkplatz weist.

Mit dem Bus: Es besteht eine ständige Verbindung zwischen Kranjska Gora und Gozd Martuljek. Am besten verlässt man den Bus an der Haltestelle an der Autobahnbrücke in Gozd Martuljek und geht rund 500 m Richtung Kranjska Gora bis zum Hinweisschild.

Hinweis: Schwindelfreiheit und Trittsicherheit sind beim Besteigen des zweiten Wasserfalls erforderlich.

Wir verlassen den **Parkplatz** in Richtung Wald und laufen entlang des rechten Ufers der Martuljek bachaufwärts. Gute 10 Minuten später wechseln wir vor zwei künstlichen Staustufen über eine Brücke an das andere Ufer und gehen weiter am breiten, fast ausgetrockneten Bachbett entlang. Doch die dort aufgetürmten Gesteinstrümmer und Fel-

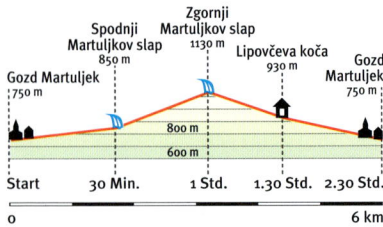

16

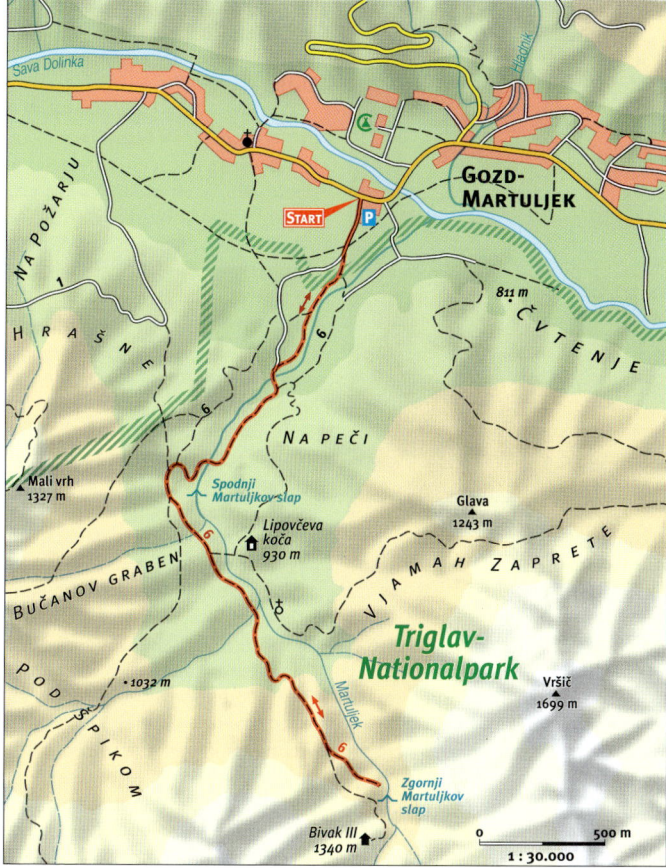

sen vermitteln ein gutes Bild davon, was hier bei starkem Regen oder während der Schneeschmelze im Gebirge los ist, welche Urkräfte entfesselt zutage treten können. Nach weiteren 10 Minuten haben wir einige Brücken überschritten, sind auf mit Geländern versehenen Holztreppen einige Stufen hochgestiegen und befinden uns auf 850 m wieder auf einer Brücke, diesmal aber mit Aussicht auf den ersten, den unteren Fall – **Spodnji Martuljkov slap** (30 Min.). Er stürzt in mehreren Kas-

kaden über die Felsen hinab und besitzt eine Gesamthöhe von etwa 40 m, allein die Hauptkaskade des Wasserfalls misst ca. 12 m.

Nun geht es rechtseitig des Wasserfalls in Serpentinen steil bergauf und auf dem breiten Wirtschaftsweg oben nach links. Nach etwa 20 Minuten weist ein Schild nach links durch den Bach zu einer Hütte mit Erfrischungen. Unserem Weg folgend durchqueren wir bald ein ausgetrocknetes Bachbett und kurz dahinter geht es wieder steil bergauf

Über 12 m stürzt die Hauptkaskade des ersten Martuljek-Wasserfalls, der Spodnji Martuljkov slap, in die Tiefe.

durch den Laubwald und auf wurzeligem Pfad.

Nachdem wir diese Hindernisse überwunden haben, befinden wir uns auf 1100 m Höhe und es geht etwas flacher auf mehr oder weniger schmalem Pfad weiter. 10 Min. dauert es noch, bis wir den zweiten, den oberen Fall erblicken – **Zgornji Martuljkov slap** (1 Std.). Hier müssen wir, unter Zuhilfenahme der Hände und als Abstiegshilfe das angebrachte Drahtseil und die Eisenstifte nutzend, 10 Höhenmeter zum unteren Ende des Falls herabsteigen, über ein Behelfsbrücklein auf die andere Seite balancieren und dort wieder etwas hoch gehen. Dort erwartet uns auf 1130 m eine Bank. Wer mag, kann auch noch durch eine drahtseilgesicherte Rinne hoch zum kleinen (und für den unten stehenden Betrachter unsichtbaren) Tümpel klettern, der die Hauptkaskade auf-

fängt und sie dann in mehreren Stufen hinab ans Ende weiterleitet. Auf gleichem Weg geht es zurück bis zur Bank.

Wir folgen unserem Weg weiter und erreichen den Abzweig zur Hütte **Lipovčeva koča**, die wir nach der Überquerung der Martuljek nach etwa 2 Minuten erreichen (1.30 Std.).

Wir sollten alleine schon deshalb diesen Umweg in Kauf nehmen, weil wir nur von hier den gehörigen Abstand haben, um das beeindruckende Felsgetürm der Špik-Gruppe über unseren Köpfen auf uns wirken zu lassen. Mehr als 1500 m ragen die Gipfel über uns auf, und wer kein Extrembergsteiger ist, muss die Gipfelersteigung von der entgegengesetzten Seite in Angriff nehmen. Übrigens erzählen die Leute eine schöne Legende über die Entstehung der Špik-Gruppe: Hier oben habe nämlich früher ein Eisriese gelebt, den sowohl die Menschen als auch seine Artgenossen entsetzlich fürchteten. Er wiederum hatte nur vor einem Angst: vor Feuer und Sonne. Um die Wärme für immer aus seinem Tal zu verbannen, befahl er den anderen Riesen, alles Gestein zu einem Berg aufzutürmen, der über die Wolken reichen und die Sonne für immer verfinstern sollte. Diese taten wie geheißen, verloren aber irgendwann die Lust und beschlossen, den Eismann in seiner Höhle auszuräuchern. Sie entzündeten ein riesiges Feuer, der Riese begann zu schmelzen und dies tut er noch heute: Die beiden Martuljek-Fälle sind nämlich die Beine des Riesen und der aufgetürmte Berg der Špik.

Nach Verkostung des in der Hütte selbst hergestellten Holundersaftes geht es weiter zurück, vorbei am ersten Wasserfall, bis wir unseren **Ausgangspunkt** (2.30 Std.) erreichen.

Im Tal der Sava Dolinka

Wanderung zwischen Kranjska Gora und Srednji vrh

Kranjska Gora ist schon als Wintersportort in aller Munde, doch auch im Sommer hat es seine Vorzüge, da es sich hervorragend als ›Basislager‹ für Ausflüge und Spaziergänge in die Umgebung eignet, wie bei der Wanderung entlang des Karawankenhanges Robe.

DIE WANDERUNG IN KÜRZE

+
Anspruch

Charakter: Einfacher Spaziergang mit zwei steileren, aber kurzen Anstiegen

Anfahrt: Die Tour beginnt und endet am Busbahnhof in Kranjska Gora.

3.30 Std.
Gehzeit

Wanderkarte: Turistična karta občine Kranjska Gora, 1:30 000

Einkehrmöglichkeiten: Waldgaststätte Srnjak, Gaststätten in Kranjska Gora

325 m
An-/Abstieg

Wir beginnen die Wanderung, der Markierung 2 folgend, am **Parkplatz der Gostilna Frida** hinter dem Busbahnhof, gehen am Hinweispfahl über eine kurze Schotterstraße zur Fernstraße und überqueren diese. Ein kurzes Stück folgen wir dem Ufer der Rojca, einem Nebenarm der Sava Dolinka, flussabwärts, doch etwa 10 Minuten nach Abmarsch drehen wir von der Rojca weg in den Wald hinein, gehen über eine Brücke und nun leicht bergan.

Wir verbleiben auf dem sich nach links wendenden Schotterfahrweg, der sich zwischen dem Hügel Brda und den Flanken des Brvoge im Norden hindurch in ein kleines Nebental hineinschlängelt. Nachdem wir einer scharfen Rechtskurve gefolgt sind und uns nun auf dem Weg nach Osten Richtung Sredni vrh befinden, passieren wir die beliebte Waldgaststätte **Srnjak** (30 Min.). Nun verläuft der Weg in etwa auf gleicher Höhe. Bald durchschreiten wir ein Gatter,

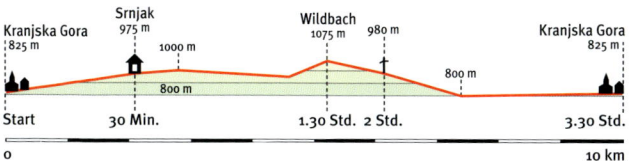

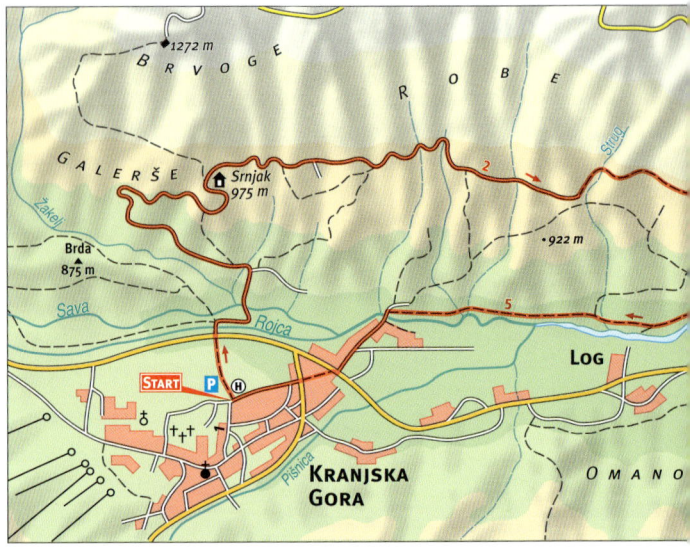

sodass wir nun vom Ausflugsverkehr unbehelligt sind, und wandern über eine Alm mit Hütten, Ställen und Ferienhäusern. 15 Minuten später kommen wir an einer Wiese mit Bank an, die uns einen ausgezeichneten Blick auf die in den Himmel ragenden steinernen Drachenzähne der Špik-Gruppe und das Tal der Sava erlaubt. Nun queren wir zwei Bächlein und gehen bald darauf gleich hinter einem Gatter auf einem Waldpfad relativ steil bergan. Nach 10 Minuten geht es wieder flach am Hang entlang, aber schon ist die nächste Steigung zu bewältigen.

Wenn wir das Rauschen eines **Wildbaches** (1.30 Std.) hören, gehen wir bergab. Wir queren das Bächlein und kommen nach wenigen Minuten an einen Hof, den wir durchschreiten. Direkt dahinter weist uns ein Schild nach Martuljek: Wir nehmen den Feldweg ins Tal hinunter,

Immer wieder trifft der Wanderer am Wegesrand auf kleine Gedenkaltäre – meist werden sie in grellen Farben angemalt oder üppig mit Blumen geschmückt.

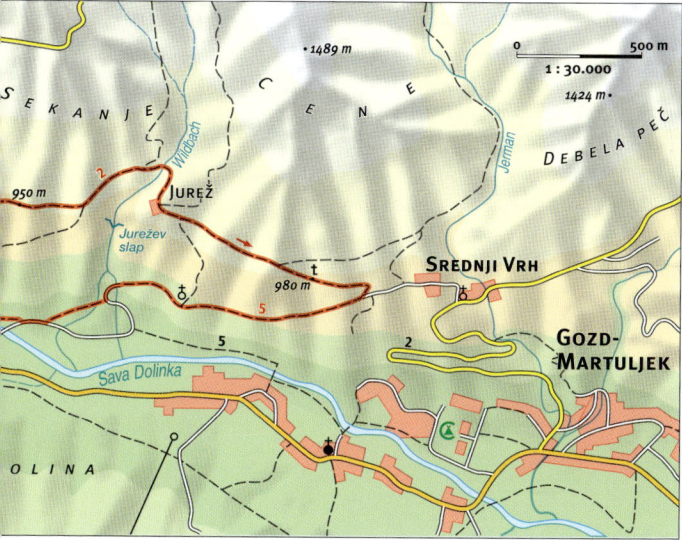

kommen auf Asphalt und wieder an einen Hof, bei dem der Wanderweg Nr. 5 scharf rechts bergab und nach Westen abzweigt. (Hier könnten wir dem Asphalt auch zum Startpunkt der Wanderung zu den Wasserfällen von Gozd Martuljek folgen: Dazu gehen wir nach 2 km an der Brücke auf die Hauptstraße nach rechts, am Hotel Špik vorbei, über eine Brücke und biegen nach 500 m links zu den Fällen ab.)

Wir aber wenden uns an dem Hof rechts, passieren ein quietschbuntes **Marterl** (2 Std.) mit Ruhebank, kommen auf einem Wiesenweg nach unten und gehen nach 10 Minuten an einer Kreuzung nicht rechts, nicht links, sondern geradeaus in den Wald hinein. Nachdem der Wegabschnitt an einem weiteren Marterl etwas steiler geworden ist, erreichen wir bei einer Häusergruppe eine Gabelung, an der wir uns nach rechts in Richtung Kranjska Gora wenden. Unser Weg trägt nun die Markierung 5.

Wir folgen diesem breiten Fahrweg, der zunächst entlang eines Wildbachs, dann entlang des Flüsschens Sava verläuft. Dabei bleiben wir ständig diesseits der Sava und ignorieren alle Brücken. Nach etwa 15 Minuten steigen wir an einer Weggabelung rechts über ein paar Stufen hoch und nehmen dort den Pfad auf. Gut 5 Minuten später gehen wir an einer Kreuzung nach rechts ein wenig bergauf und danach gleich wieder links auf den Waldpfad. Diesem weiter folgend müssen wir mehrere Rinnsale ›überspringen‹ und kommen schließlich hinter einer Waldwiese und bei den ersten Häusern von Kranjska Gora an die Brücke über die Sava. Nun geht es auf Asphalt weiter. Wir überqueren die Fernstraße geradeaus, dann den Parkplatz, lassen dort das große Gebäude rechts liegen und nehmen die kleine Straße Richtung Busbahnhof, unserem **Ausgangspunkt** (3.30 Std.)

Grüne Wiesen in der Höhe

Hinauf zu den Blumenwiesen der Golica

Auf die Golica, den Kahlkogel, sollte man auf alle Fälle im Mai gehen, denn dann blüht an ihren Hängen auf den Heuwiesen unterhalb des Gipfels rund um die Planina pod Golico ein Meer schneeweißer Narzissen.

DIE WANDERUNG IN KÜRZE

+
Anspruch

3.30 Std.
Gehzeit

750 m
An-/Abstieg

Charakter: Einfache Bergwanderung

Wanderkarten: Izletniška karta Gorenjska, 1:50 000 und Turistična karta občine Jesenice, 1:25 000

Einkehrmöglichkeiten: Kmečki turizem Betel (ganzjährig geöffnet), Koča na Golici (Juni bis September geöffnet)

Anfahrt: Mit dem Pkw: Von Jesenice nach Planina pod Golico und vorbei an dem Touristenbauernhof Betel zum Parkplatz (5 km von Jesenice). **Mit dem Bus:** Täglich mindestens eine Verbindung nach Planina pod Golico, an Werktagen bis zu fünf Fahrten (von der Haltestelle zum Parkplatz 15 Min. zu Fuß)

Wir beginnen unsere Wanderung am **Parkplatz**, gehen durch den Hof Dom tabornikov hindurch und dahinter gleich rechts die Wiese hoch auf einen Feldweg. Binnen kurzem kommen wir in den Wald hinein und gehen zunächst relativ steil bergauf, dann wird es etwas flacher, wir ignorieren schräg rechts einen Fahrweg und tauchen nach etwa 10 m weiter in den Wald ein. An einer Materialseilbahn weist ein Schild die Zeit zum Gipfel mit 1,5 Stunden aus. Nun geht es mal steiler, mal flacher durch den Wald bergauf, bis wir nach einem anstrengenderen Abschnitt die sattgrünen Hänge mit den Wiesen der Golica sehen. Kurz darauf rückt links oben auch die Berghütte ins Blickfeld. Wir treten aus dem Wald heraus und überqueren linker Hand eine Wiese in Richtung Hütte.

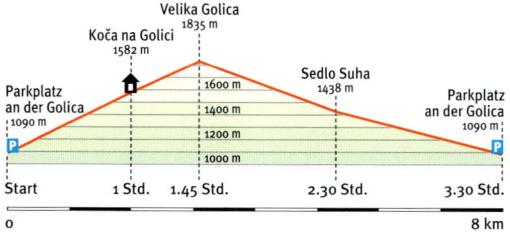

Velika Golica 1835 m
Koča na Golici 1582 m
Parkplatz an der Golica 1090 m
Sedlo Suha 1438 m
Parkplatz an der Golica 1090 m

1600 m
1400 m
1200 m
1000 m

Start | 1 Std. | 1.45 Std. | 2.30 Std. | 3.30 Std.

0   8 km

In der Mitte der Wiese steht ein Schild, das uns beim Rückmarsch schräg hoch auf unseren neuen Weg weisen wird. Gute 10 Minuten später stehen wir auf der Terrasse der **Koča na Golici** (1 Std.) und haben vor uns die grünen Hügel Sloweniens. Wie englischer Rasen wirken die Hänge, und sanft gerundet sind die Konturen des Berges. Gipfel mag man nicht sagen, hat dieses Wort doch etwas Schroffes, das so gar nicht zu den eleganten Linien der Golica passt. An einer Weggabelung nehmen wir den rechten Weg, der teils steil und direkt, teils in Serpentinen bergauf führt. Nach rund 25 Minuten folgen

wir dem Grat, sehen bald den ersten Grenzstein und kommen dann zum **höchsten Punkt** (1.45 Std.) unserer Wanderung auf 1835 m. Ein Schritt und man steht in der EU: Die Grenze teilt den Berg in zwei Hälften. Wir schauen auf die Julischen Alpen und die Wälder der Hochebene von Pokljuka im Südwesten und Süden und im Norden auf die Bergwelt Österreichs und bei klarem Wetter auf die Schneegipfel der Hohen Tauern.

Wir steigen wieder zur Hütte ab, folgen dem Weg unterhalb der Hütte unter der Materialseilbahn hindurch und kommen nach rund 10 Minuten an den erwähnten Wegweiser. Hier folgen wir dem Pfad Richtung Markovna planina und Stol und verbleiben, wieder in den Wald hineinwandernd, mehr oder weniger auf einer Höhe. Nach 10 Minuten sehen wir unterhalb des Pfades einen nicht in den Karten verzeichneten neueren Fahrweg, dem wir uns erst annähern und dann folgen, bis wir den Sattel **Sedlo Suha** (2.30 Std.) erreichen. Hier verbleiben wir auf dem Weg weiter bergab und gehen durch ein Gatter. Kurz danach weist uns ein Schild vom Fahrweg weg hinunter in den Wald Richtung Markeljnova planina. Wir überqueren eine Geröllhalde. Es geht nun flacher unter den Bäumen durch, dann über eine Alm, die wir über einen Zauntritt betreten und durch das Gatter verlassen. Die neu errichtete Almhütte zeigt uns, dass die Almwirtschaft in Slowenien immer noch von Bedeutung ist. Wir folgen dem Fahrweg bergab, zweigen an der ersten Gabelung rechts Richtung Planina pod Golico ab und gehen 2 Minuten später an der nächsten Gabelung geradeaus und nicht den Berg hinunter.

Hier steht ein **Schild** (3 Std.), das in den Wald auf die Savske jame verweist. Planina pod Golico, unser Ausgangspunkt, war bis zum 15. Jh. unter dem Namen Jeseniški Rovt ein wichtiges Eisenverhüttungszentrum in Slowenien, und das Erz wurde in den Savske jame abgebaut. Man verlegte die Hütten und Hämmer hinunter ins Tal, ins heutige Jesenice. Erz aber wurde hier bis 1907 aus dem Berg geschlagen. Nur einige Ruinen weisen auf den Standort hin, Mauern zur Befriedung des Wildbaches stehen dunkel im Wald und sind von der Natur fast zurückgeholt, Stollen sind nicht mehr zu sehen.

Unser guter Schotterweg zieht auf gleich bleibender Höhe nach Westen, endet aber abrupt am Wald. Quer zu unserer Richtung verläuft ein tief ausgeschürfter Weg, auf dem einst die Pferde die in den Bergen geschlagenen Hölzer und immer ein bisschen Boden mit zu Tale gezerrt haben, sodass ein Hohlweg entstand. Wir müssen uns geradeaus durch den Wald schlagen und einen der Pfade nutzen, die auf gleich bleibender Höhe nach Westen und Richtung Parkplatz führen. Zwei Rinnsale überschreitend kommen wir nach etwa 10 Minuten zu unserem ursprünglichen Aufstiegspfad oberhalb der ersten durchstiegenen Wiese, über die wir zurück zum **Dom tabornikov** (3.30 Std.) kommen.

Die Wiesen der Golica bieten einen herrlichen Blick auf die slowenische Bergwelt.

Tour 4

Hoch über dem Vršič-Pass

Auf steinigen Pfaden hinauf zur Mala Mojstrovka

Über Geröllfelder und zwischen Steinpyramiden wandern wir auf kargen Wegen hinauf zur Mala Mojstrovka, von der wir einen wunderbaren Blick hinab auf den Vršič-Pass und das Soča-Tal genießen.

DIE WANDERUNG IN KÜRZE

++
Anspruch

3.30 Std.
Gehzeit

720 m
An-/Abstieg

Charakter: Hochgebirgswanderung, die durch die größtenteils geröllligen und steilen Pfade etwas anstrengender ist

Wanderkarte: Triglavski narodni park, 1:50 000

Einkehrmöglichkeiten: In Tičarjev dom (Mai bis Oktober)

Anfahrt: Mit dem Pkw von Kranjska Gora nach Süden ins Gebirge hinein Richtung Jasna-See und weiter auf der Pass-Straße zum Vršič-Pass fahren. Hier parken. Ebenfalls direkt auf der Passhöhe ist auch eine **Bushaltestelle** zu finden (ein Bus verbindet in den Monaten Juli und August Kranjska Gora mehrmals täglich mit Bovec). Von der Haltestelle sind es wenige Meter Richtung Bovec zur Schutzhütte Tičarjev dom.

Hinter dem **Kiosk,** welcher der Hütte Tičarjev dom auf der anderen Seite der Pass-Straße gegenüberliegt, nehmen wir den schmalen Pfad auf, der uns zunächst steil und schräg bergauf durch die Bäume führt. Nach 30 Minuten kommen wir aber an ein großes Geröllfeld, an dessen nördlichem Rand wir nicht ohne Anstrengung durch Fels und Schutt hochsteigen und dabei einige Drahtseile

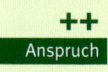

als Aufstiegshilfe nutzen. Auf 1940 m erreichen wir den **Sattel** (45 Min.) und halten uns nun rechts und nördlich am Grat entlang, den anfangs noch bestehenden Markierungen durch die Latschenkiefern hindurch folgend. Die rot-weißen Zeichen werden jedoch immer spärlicher, je geröllliger die Landschaft wird. Wir bewegen uns inmitten der Schuttflanke des Grates und müssen uns für einen Mittelweg zwischen einer Gratwanderung und dem Kampf gegen das rutschende Geröll entscheiden.

30 Minuten nachdem wir den Sattel verlassen haben, können wir bei einigen **Steinpyramiden** (1.15 Std.) wieder einen Blick auf den unten liegenden Pass erhaschen. Nach einer weiteren halben Stunde achten wir auf einige große Felsbrocken rechts

Geröllfeld auf der Mala Mojstrovka

oben am Grat, auf die wir zuhalten und an denen wir die Markierungen wieder aufnehmen können. Bald stehen wir auf der **Mala Mojstrovka** (1.45 Std.) und haben Aussicht auf das Soča-Tal. Wer sich weit genug an den Abgrund wagt, sieht auch den Vršič-Pass tief unten liegen.

Auf gleichem Weg gehen wir zurück, vorbei an den **Steinpyramiden** (2.15 Std.) zum **Sattel** (2.45 Std.). Nach guten 10 Minuten geht rechts ein schmaler Pfad ab: Wer ihn nimmt, kommt in die Mitte des Geröllfeldes und kann in 5 Minuten und mit viel Adrenalin im Blut nach unten ›abfahren‹.

Wer es gemütlicher bevorzugt, folgt Schritt für Schritt dem Hinweg bis zum **Pass** (3.30 Std.) hinunter.

5 **Tour**

Die Blumenidylle der Alpen

Vom Vršič-Pass zur Slemenova špica

Die Sleme besitzt in den Julischen Alpen die höchste Baumgrenze und der Weg dorthin durch Latschenkiefern, Lärchen und Blumenwiesen ist äußerst idyllisch.

DIE WANDERUNG IN KÜRZE

+

Anspruch

Charakter: Einfache Wanderung auf größtenteils gutem Pfad

Wanderkarte: Triglavski narodni park, 1:50 000

2.30 Std.

Gehzeit

Einkehrmöglichkeiten: In Tičarjev dom (Mai bis Oktober geöffnet)

400 m

An-/Abstieg

Anfahrt: Mit dem Pkw von Kranjska Gora nach Süden ins Gebirge hinein Richtung Jasna-See und weiter auf der Pass-Straße zum Vršič-Pass fahren. Hier par-

ken. Ebenfalls direkt auf der Passhöhe ist auch eine **Bushaltestelle** zu finden. Ein Bus verbindet in den Monaten Juli und August Kranjska Gora mehrmals täglich mit Bovec. Von der Haltestelle sind es wenige Meter Richtung Bovec zur Schutzhütte Tičarjev dom.

Hinweis: Trotz der Einfachheit der Wanderung erfordert der meist felsige Untergrund festes Schuhwerk.

Die Wanderung beginnt am **Scheitelpunkt des Vršič-Passes** beim Kilometerschild 12,5 km. Wir wandern bergauf, verschwinden schnell zwischen den Latschenkiefern und entfernen uns auch in der Höhe von der Straße. Nach 15 Minuten trifft von rechts ein Weg auf unseren, den wir aber ignorieren. Bald danach gelangen wir am Sattel **Vratica** (30 Min.)

an eine Weggabelung, an dem es nach links auf einem nicht einfachen Klettersteig hoch zur Mala Mojstrovka geht. Wir verbleiben aber auf dem Hauptweg und gleich hinter der ersten Biegung sehen wir die schanzenartige Slemenova špica vor uns. Erst verläuft der Weg eben, senkt sich dann aber auf 1750 m ab, und wir wandern durch Latschen und

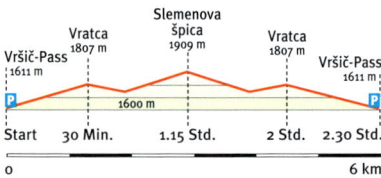

28

über Wiesen durch ein Hochtal unterhalb der Felswand der Mojstrovka. Nach guten 10 Minuten klettern wir durch ein Felsgetürm und ergreifen zur Unterstützung ein Drahtseil an einem mit Nadelgehölz bestandenen, aber nicht schwierigen Abhang. Nach wenigen Minuten erreichen wir rechts einen Abzweig hinunter zum Berg Grlo und weiter ins Tamar-Tal. Wir aber gehen geradeaus weiter und bald anstrengend bergauf, erst durch ein paar Felsklippen, dann über eine steile Wiese; schnell wird der Wiesenhang jedoch wieder flacher, und schließlich stehen wir am Abbruch des Gipfels **Slemenova spiča** (1.15 Std.) und sehen hinunter ins Planica-Tal.

Reste blitzgetöteter Lärchen ragen in den Himmel, geheimnisvoll dunkel ruhen die Oberflächen fast kreisrunder Gumpen und spitzbübisch blüht es bunt im Grün des Rasens. Hier oben soll eine beliebte slowenische Sagengestalt, der Hirtenjunge Kekec, so manches Abenteuer bestanden haben. Er half den guten Feen gegen die bösen Riesen und er vertrieb die Pehta, eine als böse, alte Frau dargestellte Figur, die auch in den Faschingsriten der Regi-

on eine Rolle spielt. Wir werden ihm wohl nicht begegnen, genießen aber das einzigartige Panorama der weißen Kalkspitzen über dem satten Grün. Der Blick schweift über den Mangart im Westen, besonders aber über den Jalovec im Südwesten.

Wie kehren auf gleichem Weg zurück, kommen nach 40 Minuten zum Sattel und später zurück zum **Vršič-Pass** (2.30 Std.).

Das wollige Edelweiß findet auf dem Gipfel der Sleme einen idealen Lebensraum.

6

Tour

Die Quelle der Soča

Von der Soča-Quelle zum Vršič-Pass und zurück

Die Soča ist für Kajakfahrer *der* Fluss Sloweniens, aber auch fürs Auge hat sie etwas zu bieten. Ihr Wasser hat eine ganz eigene Farbe und das liegt an dem feinen Gemergel, das sie mit sich trägt, am Weiß der Steine des Bettes und am speziellen Blau des Himmels.

DIE WANDERUNG IN KÜRZE

++
Anspruch

4.30 Std.
Gehzeit

850 m
An-/Abstieg

Charakter: Einfache Wanderung, die aber bei der Rückkehr eine ganz kurze Kletterpassage aufweist und teilweise auf schmalem Pfad über steile Wiesen führt

Wanderkarte: Triglavski narodni park, 1:50 000

Einkehrmöglichkeiten: Koča pri izviru Soče, Tičarjev dom (jeweils Mai bis Oktober)

Anfahrt: Mit dem Pkw von Kranjska Gora über den Vršič-Pass oder von Bovec aus an der Kehre Nr. 49 abbiegen und noch 1,3 km auf Teer zur Koča pri izviru Soče fahren. **Mit dem Bus** bis zum Abzweig an der Kehre fahren (von Juli bis August täglich fünf bis sechs Busse in beide Richtungen, Juni und September nur je ein Bus in jede Richtung und nur an Samstagen und Sonntagen). Die 1,3 km zur Schutzhütte Koča pri izviru Soče müssen zu Fuß zurückgelegt werden.

Wir starten am **Parkplatz an der Hütte** nahe der Soča-Quelle, gehen etwa 50 m Richtung Hauptstraße, zwischen zwei Trockenmauern an rot beschrifteten Steinen links in den Wald hinein und kommen gleich an einigen Häuschen vorbei. Nach 10 Minuten wechseln wir über eine Brücke auf die andere Seite eines Bächleins, dem wir in eine Schlucht hinein folgen. Teilweise verläuft der Weg in Serpentinen durch den lichten Wald, der uns immer wieder Ausblicke auf das grüne Soča-Tal und die massiven

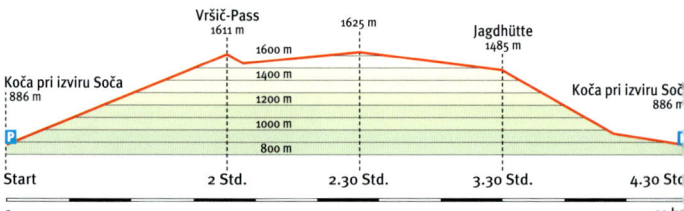

Vršič-Pass
1611 m

1625 m

Jagdhütte
1485 m

Koča pri izviru Soče
886 m

Koča pri izviru Soč
886 m

1600 m
1400 m
1200 m
1000 m
800 m

Start   2 Std.   2.30 Std.   3.30 Std.   4.30 Std.

0   11 km

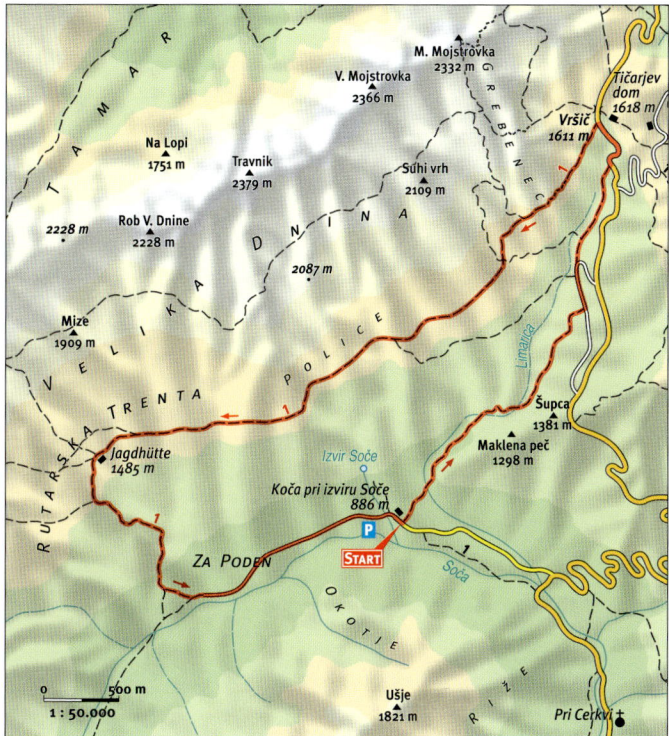

Felstürme erlaubt. Wir wandern zwischen grün bemoostem Felsgetürm hindurch, beschattet vom Mischwald und wohltuend kühl im Sommer. Nach einer Weile wird der Wald etwas dichter und immer noch begleitet uns das Rauschen des überquerten Bergbaches, obwohl wir uns in Serpentinen immer mehr von ihm entfernen.

Wir passieren nochmals ein Bächlein, diesmal auf Steinen, da die Behelfsbrücke schon vor einiger Zeit zerfallen ist, und nach 10 Minuten geht es etwas steiler hoch. Bald haben wir den einen Bach hinter uns gelassen und folgen nun einem anderen Bachbett, das wir aber alsbald durchqueren (es ist meist ausgetrocknet; auch hier ist die Brücke verrottet).

Nun wird der Pfad zu einem breiteren Forstweg und geht leicht den Berg hoch. Nach knapp 10 Minuten zweigt hinter einer Kurve ein schmaler Pfad mit fast verschwundener rotweißer Markierung ab, in den wir einbiegen. Kurz darauf kreuzen wir einen Forstweg und gehen geradeaus weiter in den Wald hinein. 5 Minuten später kommen wir erneut an einen Forstweg: Diesmal folgen wir ihm nach links und ignorieren alle irreführenden Markierungen (rote Striche an Bäumen und auf Felsen).

Wir überqueren eine Lichtung und verlassen den breiten Weg links auf einen Waldpfad, auf dem wir in Ser-

Tour 6

pentinen einige Höhenmeter über-winden. Schließlich biegen wir nach ca. 15 Minuten erneut links in einen Forstweg ein und sehen nun die beiden südlichen Felstürme des Mojstrovka-Massivs Travnik und Suhi vrh vor uns. Bald führt ein Pfad rechts bergauf (eine Abkürzung), wir aber bleiben auf dem Wirtschaftsweg, passieren eine Bank mit Gedenkstein, sehen rechts oben die Brückenbögen der Autostraße und überspringen ein Rinnsal. Noch etwa eine Viertelstunde dauert es nun, bis wir die Gebäude des **Vršič-Passes** (2 Std.) vor uns sehen. Auf dem Weg dorthin bewegen wir uns parallel und unterhalb der Straße und müssen mehrfach kleine Rinnsale kreuzen. Die letzten 10 Minuten geht es an der Straße entlang bergauf.

Wir nehmen für die Rückkehr den Weg am Kiosk auf der anderen Straßenseite unterhalb des Tičarjev dom

auf und gehen von dort bergab zu einem Stein, der uns die Richtung zum Jalovec weist. Wer hier rechts hochgeht und sich auf schmalem Pfad durch die Latschenkiefern schlägt, kommt nach einigen Minuten zu einem Bunker aus den Anfängen des 20. Jh., der einst den Pass bewachte. Mit Taschenlampe kann man ihn inspizieren und bekommt eine Vorstellung vom Leben in den Kasematten.

Wir aber folgen nun dem Pfad nach Südwesten und müssen im Folgenden zwei drahtseilgesicherte Abschnitte überwinden, die aber eher als Aufstiegshilfe denn aus Sicherheitsgründen installiert wurden. Wir kommen über mehrere Stufen wieder auf die Höhe des Vršič-Passes und befinden uns auf einem guten Pfad mit einem fantastischen **Ausblick** (2.30 Std.) über das Soča-Tal und die Felsen der Julischen Alpen.

Nun geht es langsam aber kontinuierlich bergab und nach einer Weile erblicken wir die Berghütte an der Soča-Quelle und die Pass-Straße, wie sie sich schlangengleich von Bovec hoch zum Vršič-Pass an die Hänge schmiegt. Die nächsten 30 Minuten wandern wir auf Waldwegen und über steile Wiesen, während wir ins Tal Zadnja Trenta hinabschauen. Am Abzweig gehen wir geradeaus (nicht nach rechts) und kommen Minuten später an eine **Jagdhütte** (3.30 Std.).

Wir nehmen an der Gabelung unterhalb der Hütte den Weg bergab und halten uns an der nächsten Gabelung, an der es rechts Richtung Jalovec geht, links. Bald verzweigt sich der Weg erneut und wir biegen links ab. Nun geht es stramm durch den Wald bergab, bis wir uns in dem breiten Tal mit Almhäuschen, die als Ferienwohnungen genutzt werden, an einem Picknickplatz und einem Parkplatz befinden. Wir gehen auf der Schotterstraße nach links und erreichen, diesem Weg folgend, unseren **Ausgangspunkt** (4.30 Std.).

Hier lohnt sich noch ein kleiner Abstecher zur Soča-Quelle: Der Pfad an der Hütte bringt uns über Stufen und Fels hoch zur Quelle, die aus einem engen Felsspalt sprudelt.

Von den wilden Wassern, in denen sich Kajakfahrer tummeln, ist im unteren Tal der Soča nur noch wenig zu spüren.

Tour 7

Durch die Wälder um Bovec

Zur Quelle Glijuna und zum Wasserfall Virje

Entlang eines alten italienischen Kanals wandern wir durch die schattigen Wälder von Bovec, vorbei an der Glijuna-Quelle in die kleine Ortschaft Plužna, in der die Zeit stehen geblieben zu sein scheint.

DIE WANDERUNG IN KÜRZE

+ Anspruch	**Charakter:** Einfacher Spaziergang durch die Wälder um Bovec
2 Std. Gehzeit	**Wanderkarte:** Turistična karta Bovec z okolico, 1:25 000
	Einkehrmöglichkeiten: Gaststätten in Bovec und Plužna
140 m An-/Abstieg	**Anfahrt:** Mit dem Pkw zur Talstation der Seilbahn von Bovec; **zu Fuß** 1 km

südwestlich vom Zentrum von Bovec an der Hauptstraße entlang Richtung Tolmin

Wir beginnen unsere Wanderung am **Parkplatz der Talstation** der Bergbahn auf den Kanin und gehen Richtung Westen auf einem Feldweg, der nach wenigen Metern in den Wald eintritt. Bald sehen wir rechts über

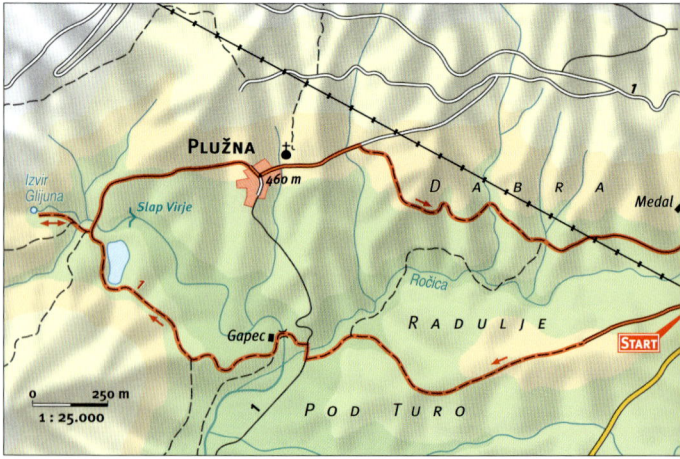

Immer wieder trifft man in den Wäldern um Bovec auf Quellen und Wildbäche.

uns die Felstürme der Kaningruppe und kommen an einen Weg nach Plužna, in den wir links einbiegen.

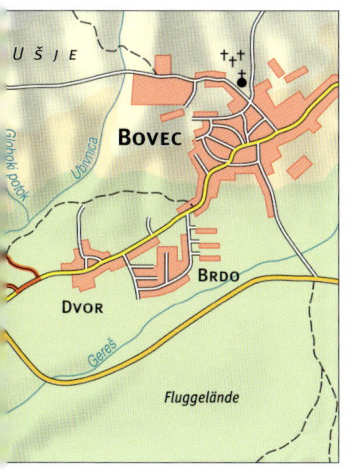

Wenige Schritte weiter gabelt sich der Weg erneut, wir biegen rechts ab und kommen nach 10 Minuten an den ›Golfplatz‹ von Bovec, ein Übungsplatz mit nur drei Löchern, und den Bogenschussplatz, wo auch internationale Wettkämpfe abgehalten werden. Hier gehen wir erst rechts über eine Brücke auf die Kanin-Gruppe zu, gleich dahinter nach links Richtung ›Jezero‹, das auf einem Stein ausgeschildert ist, und überqueren schließlich über eine alte Bogenbrücke aus Stein einen meist ausgetrockneten Wildbach, dessen Bett endlich in das Bett der Glijuna übergeht.

Wir lassen die Häuser rechts liegen und folgen dem Waldpfad geradeaus, den links abbiegenden Forstweg ignorierend. Nach knapp 10 Minuten gehen wir an einem Wall entlang, und wenn sich die Möglichkeit ergibt, sollte man die 2 m hochklettern, um einen Blick auf das malerisch zwischen Wiesen und Wald unterhalb des Kanin liegende Plužna zu erhaschen.

Nun geht es etwas bergauf und wir treffen auf die Betondecke eines Kanals. Er entstand in den 1930er-Jahren und geht auf die Italiener zurück, die das Quellwasser der Glijuna fassten, in einen Kanal zwangen, zu einem Stausee als Zwischenspeicher führten und von dort weiter im Kanal zu einer Turbine leiteten.

Gleich sind wir an dem Stausee angekommen, einem großen künstlichen Becken aus Beton, das mit einem Mäuerchen umfasst ist und etwa 100 mal 50 m misst. Wir folgen dem Kanal weiter auf seiner Decke, bis wir an ein **Stauwehr** (1 Std.) kommen. Ein Abstecher nach links führt uns zur Quelle der Glijuna. Das Wasser wird fast mysteriös zwischen den moosbewachsenen großen Wackersteinen aus dem Boden gedrückt. Auch sie gehört zu den vielen Karstquellen Sloweniens. Das Wasser sucht sich über lange Strecken hinweg unterirdisch seinen Weg, bis es plötzlich und überraschend an der Oberfläche erscheint. Mit 5,5 °C lädt die Quelle auch im Hochsommer nicht zum Bade ein.

Wir gehen am Kanal entlang zurück Richtung Stausee, biegen aber kurz vor den Häusern links ab, spazieren über eine kleine Brücke auf die andere Seite der Glijuna und folgen dem Fahrweg. 10 Minuten hinter der Quelle bringt uns ein Waldweg rechts hinunter zum **Wasserfall** (1.15 Std.). Über ihn fließt zu Tale, was die Kraftwerksbetreiber gerade mal nicht zur Betätigung ihrer Turbine brauchen, und in trockenen Zeiten ist das Rinnsal sehr dünn. Doch nach guten Regenfällen fließt das Wasser in einem breiten Schleier über die grünbemoosten Felsen in den Talkessel, die Umgebung wird dann von der Gischt bestäubt und die Tröpfchen in der Luft machen die Landschaft zu einem farbigen Aquarell, in dem die Konturen verschwimmen.

Wir verlassen den Talkessel, sind in Kürze auf der Straße und werden bald von einer Trockenmauer begleitet, die uns über die Wiesen ins Zentrum von Plužna bringt. In der Ortsmitte am Denkmal gehen wir nun links und am letzten Haus der Ortschaft schließlich rechts in den Wald hinein und auf einem schmalen Pfad an einem Zaun entlang. Nach einer Weile kommen wir an ein Bachbett, überqueren es nach ca. 10 m und 5 Minuten später ein weiteres Mal. Auf einem breiten Waldweg gehen wir weiter, kommen über eine Wiese und an deren Ende auf einen Feldweg. Nach einigen Minuten wandern wir über ein Bächlein zu einem Fahrweg, in den wir rechts einbiegen. Schließlich betreten wir den Asphalt von Bovec und erreichen die **Talstation der Seilbahn** (2 Std.).

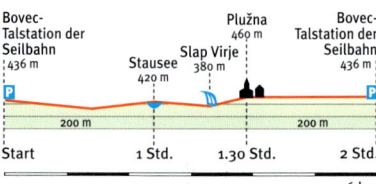

Bovec-
Talstation der
Seilbahn
436 m

Stausee
420 m

Plužna
460 m

Slap Virje
380 m

Bovec-
Talstation der
Seilbahn
436 m

200 m   200 m

Start   1 Std.   1.30 Std.   2 Std.

0   6 km

Im kargen Hochgebirge

Hinauf zum höchsten Gipfel der westlichen Julischen Alpen

Durch unwirtliche Felsformationen hindurch, entstanden durch Erosion, besteigen wir den Kanin, um von hier oben einen eindrucksvollen Überblick über die Julischen Alpen zu erlangen.

DIE WANDERUNG IN KÜRZE

+++
Anspruch

5.30 Std.
Gehzeit

500 m
An-/Abstieg

Charakter: Mäßig schwierige Hochgebirgstour mit einigen heiklen, aber gut gesicherten Stellen

Wanderkarten: Triglavski narodni park, 1:50 000; Turistična karta Bovec z okolico, 1:25 000

Einkehrmöglichkeiten: Bergstation der Seilbahn, Hütte Planinski dom P. Skalarja (unzuverlässige Öffnungszeiten)

Anfahrt: Mit der Seilbahn in Bovec in 30 Min. auf 2220 m Höhe fahren. Die Bahn verkehrt von Ende Juli bis Ende August täglich, von Mitte Juni bis Anfang September nur an den Wochenenden.

Hinweise: Trittsicherheit, Schwindelfreiheit und eine gute Ausrüstung sind vonnöten, da die Tour einige schwierige Stellen beinhaltet. Aufgrund der unregelmäßigen Öffnungszeiten der Hütte Planinski dom P. Skalarja Proviant mitnehmen.

Über zwei Zwischenstationen bringt uns die Seilbahn mit ihren Viererkabinen in einer halben Stunde erst flach über die Wälder an die Flanke des **Kanin-Massivs** und dann von 500 m steil hinauf auf 2220 m. Schon bei der Auffahrt wird die Landschaft merklich unwirtlich, um oben schließlich an einem strauch- und graslosen Kessel zu enden, in dem statt Bäumen Liftmasten in den Himmel ragen.

Wir durchqueren den Kessel und gehen dann bergauf Richtung Norden, schräg an dem Geröllfeld unterhalb des Prestreljenik entlang, dessen berühmtes Fenster (okno) wir

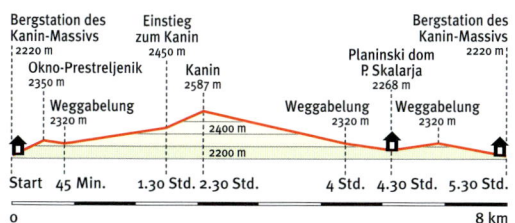

Bergstation des Kanin-Massivs 2220 m — Einstieg zum Kanin 2450 m — Okno-Prestreljenik 2350 m — Kanin 2587 m — Weggabelung 2320 m — 2400 m — 2200 m — Planinski dom P. Skalarja 2268 m — Bergstation des Kanin-Massivs 2220 m — Weggabelung 2320 m — Weggabelung 2320 m

Start — 45 Min. — 1.30 Std. — 2.30 Std. — 4 Std. — 4.30 Std. — 5.30 Std.

0 — 8 km

erst unscheinbar schmal, bald aber in seiner vollen Breite erblicken. Das eindrucksvolle Loch im Fels ist durch Erosion entstanden. Nach 15 Minuten sind wir unterhalb des Fensters an einer Gabelung angelangt, an der es rechts steil bergauf über das Geröll zum Felsdurchbruch (2350 m) geht – ein beliebtes Fotomotiv mit Bergsteigern vor dem felsgerahmten blauen Himmel. Wir kehren zur Gabelung zurück und folgen dem Pfad nach Westen zum Fuß einer schrägen Felswand, die es mit Hilfe von Seilsicherungen und Eisenstiften als Aufstiegshilfen zu überwinden gilt. Über große Felsbrocken und vorbei am **Abzweig zur Berghütte Planinski dom P. Skalarja** (45 Min.) geht es in das Talrund des Kanin-Massivs hinein. Der schmale Pfad schlängelt sich entlang der Geröllflanken der Gipfel und Grate. Tief unten sind die dunklen Höhlen zu sehen, für die das Gebirge so bekannt ist. Bis zu 80 Öffnungen in die Unterwelt sind pro

Quadratkilometer zu finden und die natürlichen Schächte gehören zu den tiefsten, die es gibt. Einer – der Vrtiglavica – ist mit 640 m senkrechtem Gefälle weltweit ungeschlagen und heißt deshalb auch der ›Schwindel‹. Damit ist das Massiv das wichtigste

Der kleine Abstecher zum »okno« erfordert ein wenig bergsteigerisches Talent und sollte daher nur von erfahrenen Wanderern gemacht werden.

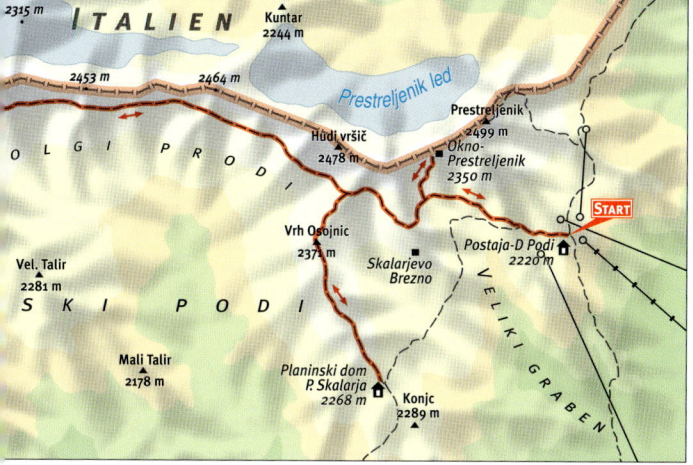

speläologische Gebiet des an Höhlen nicht armen Sloweniens.

Es geht nun auf unmarkiertem, aber meist klar erkennbarem Pfad unmerklich etwas abwärts und wieder langsam bergan, Geröllfelder wechseln sich mit massiv felsigen Abschnitten ab und schließlich beginnt auf 2450 m der **Einstieg** (1.30 Std.) in die Wand hoch zum Grat, auf dem die Wanderung dann hinüber zum Gipfel des Kanin führt. Nach einer Weile stehen wir in einer Scharte und blicken auf die andere Seite nach Italien hinunter. Tief unten an der steil abfallenden Wand ist das Eis eines Gletschers zu sehen. Weiter auf dem breiten Grat wandernd, treffen wir auf eine weitere Scharte, die etwas ausgesetzt, aber gut gesichert ist. Wir achten nun auf die Markierungen, die uns immer wieder von den ausgesetzten Stellen weg zu sichereren Aufstiegslinien weisen. Abstand halten sollte man besonders zu Felsplatten zur italienischen Seite hin, die teilweise jäh abfallen.

Nach 30 Minuten, häufig unter Zuhilfenahme der Hände, haben wir den Gipfel des **Kanin** (2.30 Std – 2587 m) erklommen. Belohnt wird die Kletterei im Hochgebirge mit atemberaubenden Ausblicken auf die Julischen Alpen im Westen und Osten und bis tief hinein nach Julisch-Venetien.

Wir machen uns nun auf den Rückweg, kommen am Einstieg in die Wand vorbei und gelangen schließlich zum **Abzweig** (4 Std.), an dem wir diesmal zur einzigen Hütte im Kanin-Massiv abbiegen. Auf dem Weg dorthin passieren wir ein erschreckend dunkles Loch, die Höhle Skalarjevo brezno, in der Steine erst nach 911 m ihren Fall beenden. Von Fels zu Fels hüpfend wie ein Geißbock erreichen wir durch eine Märchenwelt der Erosion aus Karren, Löchern, Höhlen, Senken, Nadeln und Ausspülungen die Hütte **Planinski dom P. Skalarja** (4.30 Std.). Denselben Rückweg nehmend, treffen wir wieder auf unsere Wegverzweigung, biegen zur Bergstation ab und erreichen schließlich die **Seilbahn** (5.30 Std.), die uns schnell ins Tal zurückbringt.

Auf dem Roten Kopf

Durch schroffe Gebirgslandschaft zum Mangart

Auf steilen gerölligen Pfaden erreichen wir die roten Sandsteingipfel des Mangart, dessen artenreiche Vegetation für Slowenien einzigartig ist.

DIE WANDERUNG IN KÜRZE

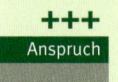

+++
Anspruch

3 Std.
Gehzeit

620 m
An-/Abstieg

Charakter: Der Anstieg über den slowenischen Weg, einem mäßig anspruchsvollen Klettersteig von insgesamt 300 Höhenmetern, ist anstrengend, der Abstieg auf dem italienischen Weg bis zur Hütte dagegen unproblematisch.

Wanderkarte: Triglavski narodni park, 1:50 000

Einkehrmöglichkeiten: Mangartska koča (Mitte Juli bis September)

Anfahrt: Mit dem Pkw von Bovec aus 2 km Richtung Kranjska Gora fahren, dann Richtung Predel-Pass abbiegen und auf dieser Straße 14 km verbleiben. Sodann den Abzweig zum Mangart nehmen, auf der schmalen, asphaltierten Straße bis zum Endpunkt fahren und dort auf 2050 m Höhe parken.

Hinweis: Das Tragen eines Helms während der Wanderung wird dringend empfohlen.

Vom **Parkplatz** aus nehmen wir den Weg am Grat entlang zu der kleinen Felsspitze, dem Travnik, im Osten. Nach einer unkomplizierten Etappe beginnt ein kurzer, schwieriger Abschnitt, der unter Zuhilfenahme der Hände überwunden werden kann, bis wir an einer Scharte zwischen

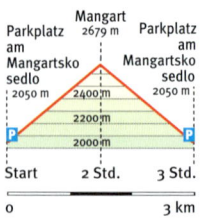

dem Travnik und dem Mangart ankommen. Hier mündet der von unten aus dem Norden Italiens kommende Klettersteig die 500 m hohe Wand nach oben in unseren Weg ein. (Die Ersteigung würde ca. 90 Minuten dauern, Helm und Klettersteigsicherung werden empfohlen.) Dem Abgrund an dieser Stelle sollte man sich nur vorsichtig nähern.

Wir bleiben auf dem Pfad, der sich am östlichen Ende der Scharte **gabelt** (30 Min.). Der italienische Weg verläuft auf dem Gebiet des Nachbarlandes und zweigt nach links und Norden ab. Der slowenische Weg (slov. smer) geht nach rechts und Osten schräg über ein Geröllfeld nach oben auf den Kopf des Mangart zu. Diesem folgen wir. Am Einstieg des mäßig anspruchsvollen Klettersteiges in die Wand windet sich in einer Rinne die Drahtseilsicherung in Serpentinen über einem schmalen Steg hinauf. Zwei Abschnitte von je 40 Höhenmetern müssen wir so überwinden, bis wir uns schließlich mithilfe der Hände über einen Felsrücken begeben. Bald erreichen wir einen kurzen Grat. Nun geht es über einen Felsrücken weniger ausgesetzt weiter, über den wir nach einigen Metern erneut eine Wand erreichen. Einige Höhenmeter weiter oben quetschen wir uns durch einen Spalt und gelangen an einen tropfnassen, wieder gesicherten Abschnitt. Danach geht es nicht mehr so steil, aber immer noch mithilfe beider Hände hinauf zum Gipfel des Roten Kopfes, **Rdeča Glava** (2 Std.), auf 2679 m.

Unser Blick schweift nun weit ins Rund, vom Großglockner bis zum Triglav und hinunter ins Tal zu den beiden Seen im Norden (Laghi di Fusine). Der rote Sandstein des Massivs ist stark säurehaltig und führt zu einer ganz eigenen und für die Julischen Alpen untypischen Vegetation am Berg; u. a. wächst hier und nur hier in Slowenien die Kriechende Nelkenwurz (Geum reptans), deren blassgrüne Blätter und grau-weiße

Blüten sich kaum vom hellen Fels abheben.

Hinunter gehen wir auf dem italienischen Weg auf italienischem Boden. Der Gipfel des Mangart bildet die Grenze, die von Wanderern aber überschritten werden darf.

Wenn der Weg hinunter auch felsig und geröllig ist, er stellt keinerlei Anforderungen, wenn man gutes Schuhwerk trägt. Wir kommen an zwei, drei mit Seilen gesicherten Stellen, die bei Nässe von Bedeutung sein mögen, vorbei. Später betreten wir beim Grenzstein Nr. 55 wieder slowenisches Gebiet und stehen kurz darauf erneut an der **Gabelung** (2.45 Std.), an der wir für den Aufstieg den slowenischen Weg gewählt hatten und an der wir nun rechts zurück zu unserem **Auto** (3 Std.) abbiegen.

Auf dem Gipfel des Mangart

Zwischen Bunkern und Blumen

Zum Gipfel des Krn-Massivs

Zwischen Blumenwiesen und Bunkern hindurch führt unser Weg am Krn-See, dem höchst gelegenen Gebirgssee Sloweniens, vorbei zum Gipfel des Krn, der im Ersten Weltkrieg heftig umkämpft wurde.

DIE WANDERUNG IN KÜRZE

+++
Anspruch

9 Std.
Gehzeit

1650 m
An-/Abstieg

Charakter: Einfache, aber sehr lange Ganztagestour auf guten, manchmal stark gerölligen Wegen mit mäßigen Steigungen

Wanderkarte: Triglavski narodni park, 1:50 000

Einkehrmöglichkeiten: Dom dr. Klementa Juga (Mai bis September), Planinski dom pri Krnskih jezerih (Juni bis September), Gornjščkovo zavetišče na Krnu (Juni bis September)

Anfahrt: Mit dem Pkw: Von Bovec aus 9 km Richtung Kranjska Gora fahren und an den Hinweisschildern rechts in Richtung der Hütte dr. Klementa Juga abbiegen, die man nach 6,5 km erreicht.

Hinweis: Wegen der Länge der Wanderung sollte man eine Übernachtung in einer der Hütten in Betracht ziehen.

Unsere Wanderung beginnt an der **Hütte dr. Klementa Juga** und führt auf dem einzigen dort abgehenden Weg im ersten Teil bequem, manchmal auch geröllig durch den schattigen Mischwald bergauf. Wir befinden uns fast die ganze Strecke hinauf auf einem alten Militärweg, über den im Ersten Weltkrieg die Front am Krn mit Verpflegung, Waffen und Munition

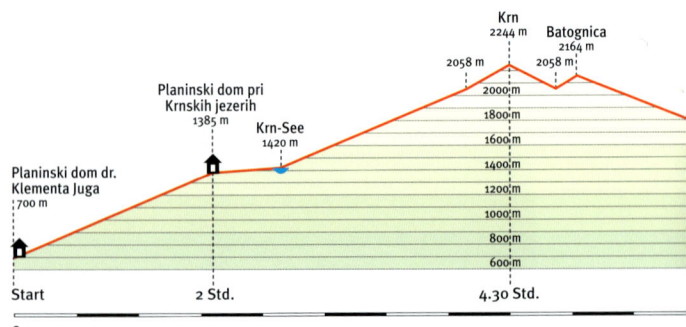

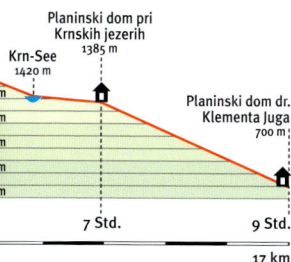

versorgt wurde. Nach einer Weile haben wir einen der seltenen Ausblicke auf das Tal unten und noch etwas später stoßen wir auf einen breiteren Weg, dem wir bis zur Mittelstation der Materialseilbahn folgen. Hier marschieren wir zunächst durch eine Schlucht, dann an einem Schneestandanzeiger und am Abzweig zum Gipfel des V. Baba vorbei zur **Berghütte am Krn-See** (2 Std.).

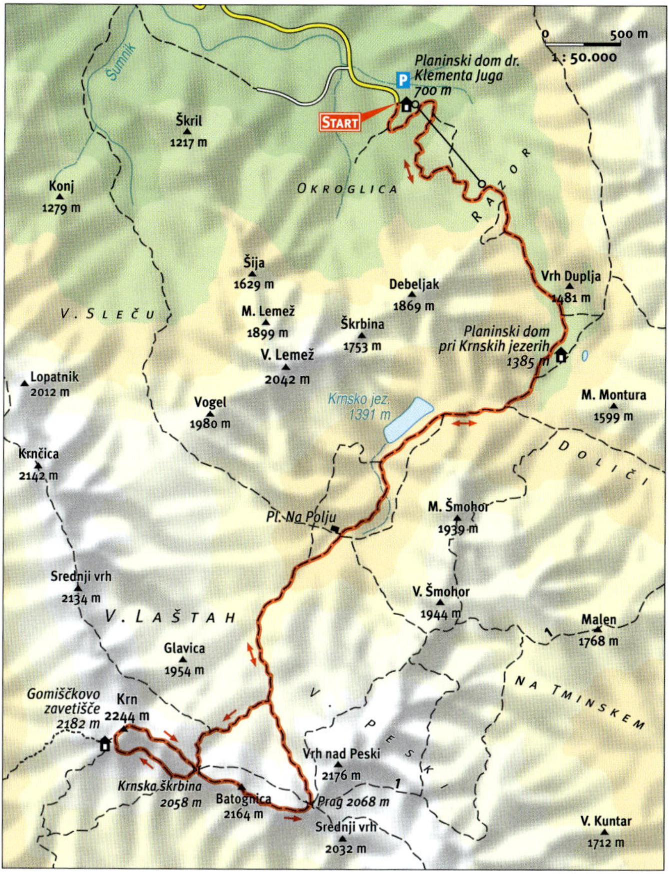

Kurz hinter der Hütte, nun bergab gehend, kommen wir in einem Talkessel auf eine Hochalm. Einen

43

nach links abzweigenden Weg ignorieren wir, wandern auf unserem Weg weiter, bis wir rechts unter uns in einem idyllischen Talkessel den Krn-See liegen sehen. Wir gehen aber nicht zu ihm hinunter, sondern nehmen den Weg schräg bergauf über ein Geröllfeld, unterhalb der links im Südosten liegenden Wand. Schließlich stoßen wir auf einen Weg, der vom See hinaufführt und dem wir nun folgen. Wir wandern auf ihm zunächst über eine weite, vom Schmelzwasser heruntergespülte Geröllfläche und dann über eine Wiese mit Almhütte auf den Krn zu. An einem Hang gehen wir hinauf: Hier kann man ganz ausgezeichnet die durch Schmelzwasser entstandenen Karren in ihrer ganzen Vielfalt studieren. Einige sehen aus, als hätte ein Riesenrechen die Scharten in den Fels geschlagen.

Wir wandern weiter, bis wir wieder an ein Geröllfeld kommen, das zu durchsteigen ist. Gänzlich unerwartet stehen wir bald inmitten eines Blumenmeers, in dem je nach Jahreszeit die blauen und violetten Töne des späten Frühjahrs oder das Gold und Gelb der Sommerwiese dominieren. Aurikeln, Glockenblumen und Enzian schmücken das Grün.

Dahinter lassen wir die Idylle endgültig hinter uns, durchschreiten einen Talkessel aus rauem Fels und gehen hinauf zum Sattel Krnska škrbina zwischen den Gipfeln des Krn und des Batagnica.

Nun befinden wir uns inmitten der stummen Zeugen des Alpenkrieges: Kavernen, Stacheldrahtreste, Granatsplitter. Der Krn und sein Nachbargipfel waren während des Ersten Weltkriegs die Eckpfeiler der Alpenfront im Südwesten und daher heiß umkämpft. Am 31. Mai 1915 kamen sie in italienische Hand und blieben dort bis zum 24. Oktober 1917, als die Stellungen gesprengt wurden und die Achsenmächte eindringen konnten.

Wir wandern weiter, kommen an der Terrasse der Hütte, die sich an die Südflanke des **Krn** (4.30 Std.) schmiegt, vorbei und erreichen kurz darauf den Gipfel des Berges, von dem wir die Sicht auf den Krn-See und das Tal der Soča genießen. Wie mögen sich die Soldaten im Eis des Spätwinters hier oben gefühlt haben, wenn im so nahen Tal schon die ersten Frühlingsblumen im Gras erblühten?

Am östlichen Rücken des Krn geht es nun direkt hinunter zum Sattel und auf der anderen Seite wieder auf in den Fels gehauenen und vor fast hundert Jahren zementierten Stufen hinauf, vorbei an Bunkern, Höhlen, Stollen, Löchern, Schützengräben und Kavernen. Wie die Perlen einer endlosen Kette liegen die Unterstände am Grat entlang. Und auch das ganze Plateau des Gipfels Batagnica ist unterhöhlt und durchkreuzt, mit Granatsplittern und Stacheldraht gesprenkelt; noch immer liegen Schuhreste herum, das Leder durch Zeit und Klima fast fossilisiert.

Wir gehen wieder hinunter zum Sattel Prag, nehmen den ganz linken Weg westlich am Gipfel des Vrh nad Peski vorbei und durch dessen Geröllflanke hinunter. Wir erreichen wieder unseren Aufstiegsweg und haben bald den **Krn-See vor Augen** (7 Std.). Diesmal steigen wir zu ihm hinab.

380 mal 150 m misst der höchst gelegene Gebirgssee Sloweniens, er besitzt eine Tiefe zwischen 4 und 16 m. Kleine Fische tummeln sich darin, sanft kräuselt sich die Oberfläche im lauen Wind, und im Schwarz des Wassers spiegeln sich die Wände des

Talkessels. Besonders im Herbst, wenn sich die Wiesen und Bäume in Rostfarben kleiden, ist dieser Winkel von stiller, warmer Schönheit. Im Hochsommer hingegen zieht es gelegentlich ganze Scharen von Ausflüglern hierher, die der Hitze an der Küste ins kühle Gebirge entfliehen und im aufgewärmten, aber immer noch empfindlich kalten Wasser des Krn-Sees baden. Dann ist es mit der Ruhe dahin.

Wir gehen auf demselben Weg zurück und kommen zuerst an der Berghütte, dann an der Mittelstation der Seilbahn vorbei. Kurz dahinter sollten wir darauf achten, dass wir den Abzweig nach rechts nicht verfehlen, der uns auf dem breiten Militärweg zurück ins **Tal** (9 Std.) bringt.

Die Julischen Alpen sind die höchste Alpenkette Sloweniens und bilden die größte Wasserscheide des Landes. Der Krn-See liegt inmitten dieses Massivs. Wie die meisten Seen der Region wird auch er von einem Gletscher gespeist.

Alpenspiegelung im See

Rund um den See von Bohinj

Der liebliche Bohinjsko jezero (Wocheiner See) liegt zu Füßen der Julischen Alpen. Seine Ufer eignen sich hervorragend für eine Umrundung, wobei ein Abstecher zum gewaltigen Savica-Wasserfall äußerst lohnenswert ist.

DIE WANDERUNG IN KÜRZE

+
Anspruch

4 Std.
Gehzeit

225 m
An-/Abstieg

Charakter: Einfacher Talspaziergang auf guten Wegen

Wanderkarte: Triglavski narodni park, 1:50 000

Einkehrmöglichkeiten: Gaststätten in Ribčev Laz, Koča pri Savici, Hotel Zlatorog

Anfahrt: Mit der Eisenbahn von Nova Gorica oder Jesenice bis Bohinjska Bistrica

fahren und von dort mit dem Touristenbus nach Ribčev Laz (15.06.–15.09. täglich drei Fahrten).
Seeverkehr: Zwischen Ribčev Laz und dem Zeltplatz Zlatorog verkehren zwischen April und Oktober mehrmals täglich Schiffe.

Hinweis: Bademöglichkeiten in den kleinen Buchten am Ufer des Wocheiner Sees

Wir beginnen die Wanderung an der romanischen Kirche **Sv. Janez Krstnik** der Streusiedlung Ribčev Laz, an der man auch den Wagen abstellen kann. Die Straße überquerend, nehmen wir die kleine Teerstraße Richtung Westen in den Laubwald hinein, deren Ende nach kurzer Zeit erreicht ist. Wir kommen zu einer großen Wiesenfläche, auf der bei guter Thermik die Drachensegler nach stundenlangem Flug landen und sich in einem Restaurant erfrischen. Abkühlung findet man auch im Wasser der weiten Bucht, die sich mit ihrem Kiesstrand hervorragend zum Baden eignet.

Der Bohinjsko jezero, auch Wocheiner See, entstand als Gletschersee auf 525 Meereshöhe und ist Sloweniens größter (nicht-periodischer)

See. 4100 m lang, 1200 m breit und 45 m tief fasst er 100 Millionen Tonnen Wasser, das sich im Sommer auf 22 °C erwärmt.

Wir folgen nun der Uferlinie und kommen wieder in Laubwald hinein, der sich mit Nadelwald abwechselt. Den natürlichen Bewuchs stellten Laub- oder zumindest Mischwald dar; überall dort, wo die Nadelbäume vorherrschen, hat die Forstwirtschaft ihre Hand im Spiel.

Wir wandern teils auf einem mit Wurzeln überzogenen Pfad, teils auf gutem Weg, mal dicht am Ufer entlang, dann wieder weiter davon entfernt, bis wir einen Hof passieren. Kurz dahinter durchqueren wir ein Bächlein. Schließlich erreichen wir erneut einen Badestrand mit ausge-

Das kristallklare Wasser des Slap Savica, das über 50 m in die Tiefe donnert, speist den See von Bohinj.

dehnter Wiese und einigen Häuschen im Hintergrund: Feriendomizile. Wir bleiben auf dem Weg, bis wir zur Pension Park kommen, an der wir rechts in die Teerstraße einbiegen.

Kurz darauf, bei der Pension Store, ist der Asphaltbelag verschwunden und wir gehen auf der Kiesstraße bis zum Wegweiser, der uns 1 Std. Wegzeit zum Wasserfall verspricht. Der

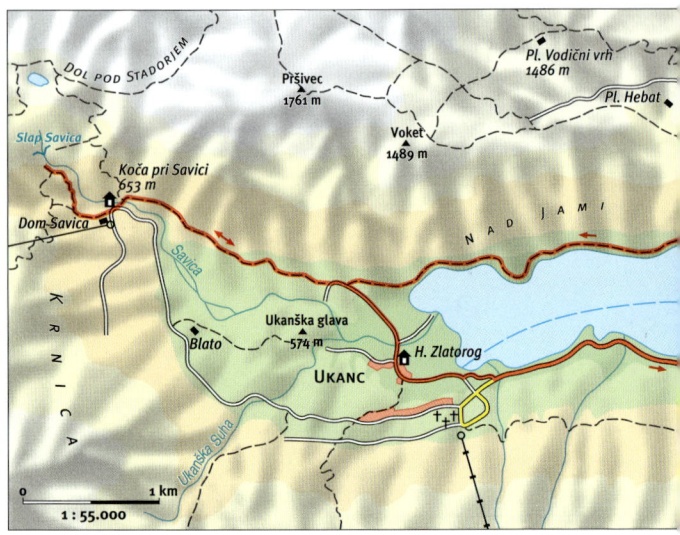

bequeme Weg brächte uns leicht zum Abzweig ins Hochgebirge zu den »Sieben Seen«, Triglavski jezeri. Wir aber gehen geradeaus weiter und sehen durch die Bäume die Autos auf einem Parkplatz und Häuser schimmern. Wir sind bei der **Koča pri Savici** (2 Std.) angekommen, Ausgangspunkt für diverse Wanderungen in die Julischen Alpen. Hinter der Hütte (rechts vorbei am Dom Savica über den Parkplatz) teilen wir uns für kurze Zeit den Anstiegsweg mit denjenigen, die zur Komna hinauf noch eintausend Höhenmeter vor sich haben. Wir halten am Eingangskiosk zum Wasserfall an, entrichten unseren Obulus und steigen gemütlich berg-

an zu einem kleinen **Pavillon aus Holz** (2.30 Std.), von dem aus wir den Wasserfall begutachten können. Etwas mehr als 50 m beträgt der sichtbare Fall, doch weiter oben hat die Savica schon 38 m schrägen Sprudelns hinter sich – nachdem sie aus einer Karsthöhle der Unterwelt entkommen ist. (Forscher haben diese Höhle auf 240 m Tiefe inspiziert.) Wer will, kann auf dem guten Weg die wenigen Meter hinab zu einem See gehen, der den Wasserfall auffängt und in die Savica weiterleitet, die schließlich den See von Bohinj speist. Bedeutendster Besucher der Fälle war übrigens der österreichische Erzherzog Johann, der sie 1807 bewunder-

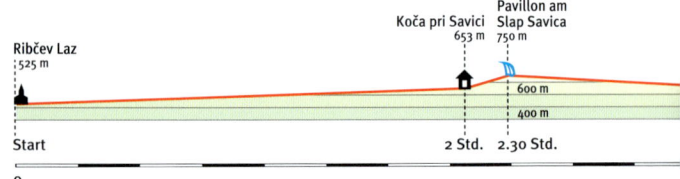

entlang und sucht sich auf der gegenüberliegenden Seite den Fußweg, der mal mehr, mal weniger hoch über der Straße der Uferlinie folgt. Schließlich passieren wir ein Schulungszentrum und Minuten danach stehen wir vor der Kirche Sv. Duh – Zum Heiligen Geist. Geplagt von Missernten versprachen Bauern der Umgebung neben allerlei anderem den Bau eines Gotteshauses, wenn es denn nur um die Ernteerträge besser stünde. Der schöne, helle Barockbau wurde 1743 fertig gestellt. Noch heute hängt eine der ursprünglichen Glocken im Turm; sie wurde 1766 von Balthasar Schneider in Laibach (heute Ljubljana) gegossen. Unüblicherweise besitzt die Kirche eine angebaute Vorratskammer, in der Spenden, die alle 3 Jahre in das Städtchen Innichen in Österreich gebracht werden mussten, aufbewahrt wurden. Ein weiteres Gelübde, das immerhin bis 1917 erfüllt wurde. Dem Weg weiter folgend, sind wir bald wieder an der **Brücke** (4 Std.), dem Ausgangspunkt der Wanderung, angelangt.

Die Taufe an der Savica

Der Savica-Fall spielt eine ganz besondere Rolle in einem berühmten slowenischen Epos: »Die Taufe an der Savica« von France Prešeren. Der Dichter war im 19. Jh. Wegbereiter eines slowenischen Nationalbewusstseins und forcierte den Gebrauch der slowenischen Sprache. Sein Epos beschreibt die Christianisierung der Slawen, die hier am See von Bohinj noch alten Göttern huldigten. Vor der militärischen Überlegenheit ihrer Missionare aber mussten sie sich beugen, und der Held Črtomir wird am Savica-Fall getauft.

te und an dessen Besuch die Marmortafel am Pavillon erinnert.

Wir gehen auf gleichem Weg zurück, kommen wieder zur Pension Park, verbleiben hier aber auf der Asphaltstraße und gelangen bald auf einer Holzbrücke über die Savica zur Hotelzone. Wer am Zeltplatz Zlatorog müde Beine hat, kann von hier aus den Elektrodampfer zurück nach Ribčev Laz nehmen. Das Schiff wurde in Berchtesgaden gebaut und hat lange Jahre Passagiere auf dem Königssee herumgeschippert. Knappe 30 Minuten dauert die friedvolle Fahrt.

Wer die Umrundung zu Fuß beenden möchte, folgt der Teerstraße 100 m bis zur Hauptstraße den See

Von See zu See

Durchs Tal der sieben Seen zum Triglav

Das Tal der sieben Seen ist ein unbeschreibliches Naturerlebnis. Wir wandern an den Gletscherseen vorbei hinauf zum Triglav, der einer slowenischen Sage zufolge ein dreiköpfiger Gott ist, der über Himmel, Erde und Unterwelt herrscht.

DIE WANDERUNG IN KÜRZE		
+++ Anspruch	**Charakter:** Einfache, aber sehr lange Hochgebirgswanderung auf schmalen Steigen, mit teilweise steilen, minimalen Kletterpassagen	**Anfahrt:** **Mit dem Pkw** zum Parkplatz der Koča pri Savici oder **mit der Eisenbahn** bis Bohinjska Bistrica und weiter mit dem Touristenbus über Ribčev Laz zur Koča pri Savici
8.30 Std. Gehzeit	**Wanderkarte:** Triglavski narodni park, 1:50 000	
1800 m Anstieg	**Einkehrmöglichkeiten:** Koča pri Savici (Mai–September geöffnet), Koča pri Triglavskih jezerih, Zasavska koča, Tržaška koča (von Mitte Juni bis September geöffnet)	**Hinweise:** Übernachtung notwendig! Der Abstieg am nächsten Tag erfolgt entweder auf gleichem Weg oder in Kombination mit Tour 13. Dann sind allerdings absolute Schwindelfreiheit und Trittsicherheit sowie gutes Wetter Voraussetzung.
300 m Abstieg		

Wenige Kilometer im Westen des Wocheiner Sees (Bohinjsko jezero) liegt im Wald versteckt am Ufer eines keck sprudelnden Flüsschens

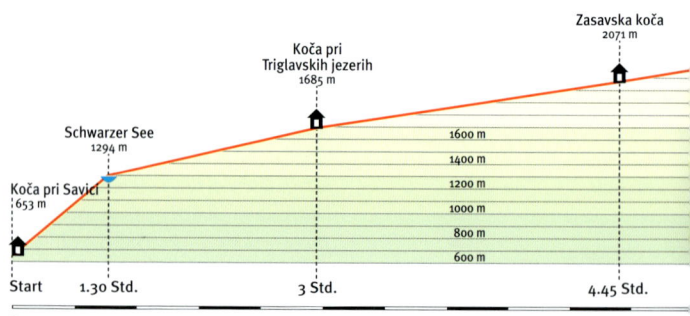

Start — 1.30 Std. — 3 Std. — 4.45 Std.

Koča pri Savici 653 m · Schwarzer See 1294 m · Koča pri Triglavskih jezerih 1685 m · Zasavska koča 2071 m

die »Hütte an der Savica« – **Koča pri Savici**. Hier lässt man seinen Wagen am gebührenpflichtigen Parkplatz stehen und wechselt auf der Brücke hinter der Hütte ans andere Ufer, folgt kurz dem breiten Fußweg und schlägt sich dann auf den schmalen Pfad, der sich in steilen Serpentinen durch den Laubwald bergauf schlängelt. Nur selten erlaubt eine Lichtung den Blick auf die sich im dunklen Wasser des unten liegenden Sees spiegelnde Bergwelt. Nach etwa einer halben Stunde führt der Weg zur Quelle der Savica, an der sie aus dem Fels sprudelt und den Wasserfall speist, den viele Touristen als Attraktion besuchen – allerdings von der unteren Seite aus.

Der Weg ins Hochtal, den wir nehmen, zweigt hier ab, und man muss vor einem den Weg versperrenden Baumstamm auf das unscheinbare Hinweisschild achten. Nun beginnen einige kurze und einfache Kletterabschnitte und die Seilsicherungen sind nur bei Trittunsicherheit und vielleicht bei Nässe notwendig. Rund 1 Stunde nach dem Abzweig hat man die erste Höhenstufe erklommen, ein kurzer und farnbewachsener Hohlweg öffnet sich zur glatten Oberfläche des etwa 20 m unterhalb des

Weges in einem waldbestandenen Felsrondell gelegenen ovalen **Črno jezero** (1.30 Std.), dem »Schwarzen See«. Als wärmster der Triglav-Seen lädt er im Hochsommer zum (immer noch) kühlenden Fußbad ein.

Wir nehmen den Weg dort auf, wo wir ihn zum See hinunter verlassen haben, und folgen dem gerölligen Pfad nach Norden an einer fast überhängenden Felswand entlang. Oberhalb des Geröllfeldes verlässt unser Weg nun das durchwanderte Hochtal Lopučniška dolina und wir betreten auf felsigem Weg die wunderbare Welt des Tals der sieben Seen. Hier mag man verstehen, warum es zur Keimzelle des Nationalparks wurde, zur ersten geschützten Region Sloweniens. Es grünt und blüht, summt und zwitschert überall. Vertraute Blumen sind zu entdecken und solche, die nur hier wachsen: das roséfarbene Dolomiten-Fingerkraut (Potentilla nitida) oder die endemische, lilablaue Zois-Glockenblume (Campanula zoyisii). Im Sommer tupft der Julische Mohn die Wiesen mit weißen Blüten. Nach Regen gilt es, den zahlreichen Feuersalamandern auszuweichen und den vielfältigen Stimmen der Natur zu lauschen.

Wir folgen weiterhin unserem Weg, kommen an einer gefassten Quelle unterhalb einer Felswand vorbei, an der man seine Wasserflasche füllen kann, und erreichen schließlich rechts den Abzweig nach Stara Fužina, den wir aber ignorieren. Nach wenigen Minuten nähern wir uns dem Doppelsee Dvojno jezero vor der Hütte **Koča pri Triglavskih jezerih** (3 Std.) und den Bergketten, die zwischen dem Tal und dem Vršič-Pass aufragen. Die Hütte war eine der ersten in den Bergen. Die beiden Seen verbinden sich im Sommer zu einer Oberfläche, und wer nicht in Ei-

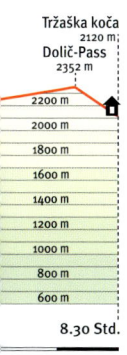

Tržaška koča
2120 m;
Dolič-Pass
2352 m

2200 m
2000 m
1800 m
1600 m
1400 m
1200 m
1000 m
800 m
600 m

8.30 Std.

14 km

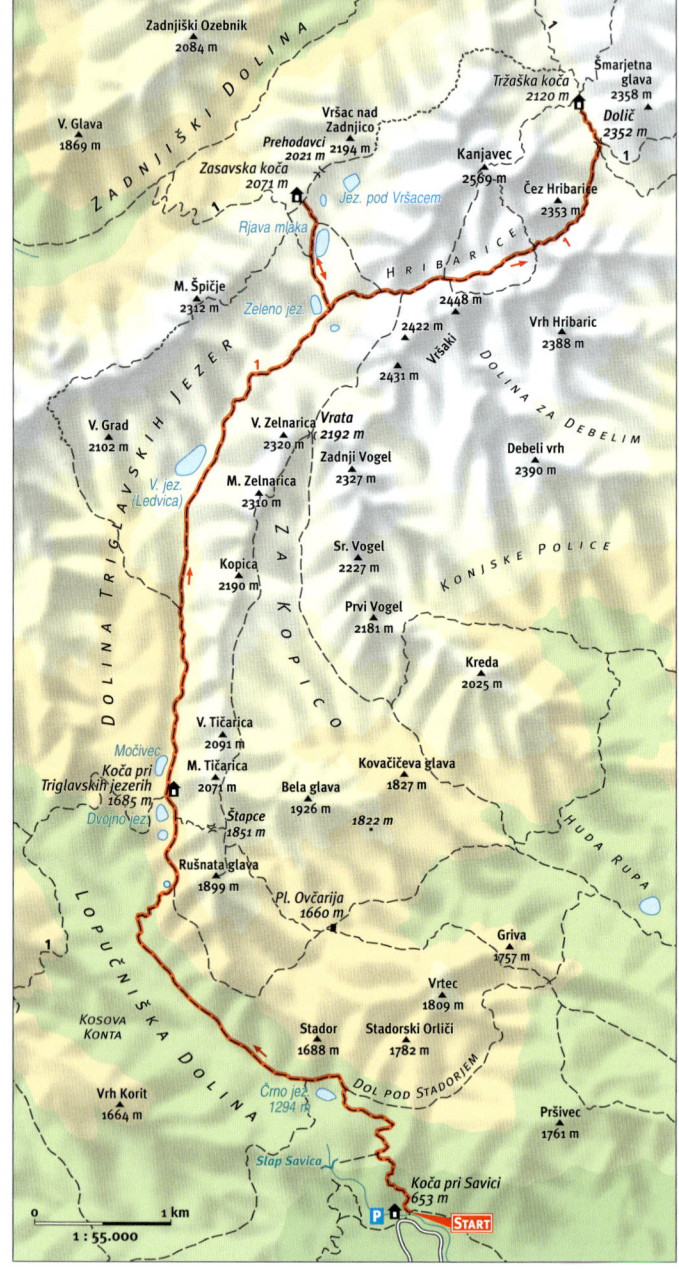

le ist, sollte sich auf einen kleinen Spaziergang um die Seen machen. Alle Farben des Regenbogens finden sich in dem satten Grün der Wiesen; gelbe Aurikeln wetteifern duftend mit Nelken, die Vögel kommen bar jeder Scheu auf die Besucher zugeflogen und lassen sich neben ihnen nieder, um vielleicht eine Krume von der Vesper aufzupicken. Eine deftige Mahlzeit, ein erfrischendes Bier und ein erholsames Sonnenbad kräftigen für den weiteren Anstieg, der hinter der Hütte beginnt.

Vorerst geht es noch gemächlich am Seeufer des dritten, gleich hinter der Hütte liegenden Sees entlang (Močivec genannt), bald aber wird es wieder steiler, die nunmehr vorherrschenden Nadelbäume werden spärlicher und stehen nur noch in einzelnen Gruppen, der Pfad ist holprig und führt über Felsflächen; doch wo immer sich ein bisschen Erde ansammelt, wachsen in dichten Büscheln Farne und Blumen, darunter auch das Edelweiß. Schließlich stoppen Latschenkiefern das von der hoch aufragenden Wand der Zelnarica abgesprengte Geröll.

Eine halbe Stunde später erreichen wir die Baumgrenze und die Blicke treffen nur noch auf Fels, später aber auch auf den 50 m unten im Tal liegenden See Veliko jezero, »Großer See«. Hinter dem See wird es wieder steiler und wir gelangen zu der Passhöhe auf 2000 m Höhe zum fünften der sieben Seen – Zeleno jezero, »Grüner See«. Von hier sind es etwa 30 Minuten hoch zur Hütte **Zasavska koča** (4.45 Std.), von deren Zuweg aus man schließlich die verbleibenden Seen Rjava mlaka (»Brauner See«) und Jezero pod Vršacem (»See unter den Vršac«) sehen kann.

Unterhalb der Hütte am Zeleno jezero nehmen wir den Weg wieder auf

Zweifellos zählt das Tal der sieben Seen im Triglav Nationalpark – wie hier am Dvojno jezero – zu den schönsten Gebieten Europas.

und steigen zur Hribarica hoch: eine schweißtreibende Tätigkeit, geht es doch zunächst an einem Geröllfeld bergauf, bis man es im oberen Viertel dann durchqueren muss. Später erreichen wir ein Plateau, auf dem sogar im Hochsommer die Schneefelder überdauern, und schließlich den Dolič-Pass. Der Lohn unserer Mühe: der Blick auf den Triglav in seiner bedrohlich-wuchtigen Schönheit und auf die Hütten an seinen Flanken. Über Geröll und Schneefelder geht es hinab zur **Tržaška koča** (8.30 Std.), auch Dolič-Hütte genannt, die sich in eine kurze Schlucht zwischen den Flanken des Triglav im Norden und des Kanjavec im Süden schmiegt. Hier entledigen wir uns unserer Stiefel und ziehen die Hüttenschuhe über.

Der Rückweg erfolgt am nächsten Tag auf gleichem Weg.

Auf dem dreiköpfigen Gott

Auf den Triglav und hinab ins Trenta-Tal

Die drei Gipfel des Triglav, des höchsten Bergs Sloweniens, werden nicht nur als Köpfe eines alles beherrschenden Gottes angesehen, sie sind auch das Symbol der slowenischen Identität. Wer den Triglav nie erstieg, ist kein echter Slowene, heißt es im Volksmund.

DIE WANDERUNG IN KÜRZE

+++
Anspruch

9.30 Std.
Gehzeit

750 m
Anstieg

2250 m
Abstieg

Charakter: Anspruchsvolle und sehr lange Hochgebirgswanderung, steil und mit ausgeprägten Klettersteigpassagen, die allerdings vorzüglich gesichert sind. Der Abstieg ab der Dolič-Hütte ist anspruchslos und dauert in etwa 3.45 Std.

Wanderkarte: Triglavski narodni park, 1:50 000

Einkehrmöglichkeiten: Tržaška koča, Dom Planika (beide von Mitte Juni bis September geöffnet); als Ausweichquartier mag die oberhalb der Dom Planika gelegene Hütte Triglavski

dom na Kredarici (ganzjährig geöffnet) dienen.

Rückfahrt: Trenta ist mit Bovec und Kranjska Gora in den Monaten Juli und August mehrfach täglich durch **Busse** verbunden.

Hinweise: Diese Wanderung ist nur als Anschluss an die Tour 12 mit Übernachtung möglich. Obwohl die Wege gut gesichert sind, sind sowohl Trittsicherheit als auch absolute Schwindelfreiheit erforderlich. Klettersteigsicherung mit Gurt und Helm werden dringlich empfohlen. Die Ersteigung ist nur bei gutem Wetter möglich.

Hinter der **Tržaška koča**, den Großteil des Jahres hinter einer Schneewächte versteckt und an deren Rand zwischen Schnee und Fels eingeklemmt, beginnt unser Weg hinauf zum Triglav. Stramm geht es bergauf auf einem alten breiten Weg, aus Bruchsteinen einst mühsam geschichtet, um vom Wetter unabhängig zu sein – das italienische Militär versorgte im Ersten Weltkrieg über diese Gebirgsstraße mit Maultieren und Trägern ihre Festung Morbegna. Nach einer

knappen Stunde verlassen wir den breiten Weg und wenden uns auf einem Pfad der Festung zu. Das wuchtige, verwitterte **Gebäude** (1.45 Std.) war einst mit ausgedehnten Stacheldrahtanlagen gegen plötzliche Attacken gesichert. Um diese zu befestigen, wurden überall Eisenklammern in den Fels getrieben.

Hinter der Festung führt der Pfad weiter, kommt bald über ein Geröllfeld und mündet schließlich in einen Weg ein, dem wir nach rechts zum

Triglav folgen. Aus der Ferne sieht die massive Felswand des Triglavs unbezwingbar aus, doch nähert man sich, erkennt man den Einstieg – ein Kamin, der mit Handgriffen und Fußstützen reich gesegnet ist.

Nun heißt es, die Gurte des Rucksacks festzuzurren, den Beckengurt anzulegen, ebenso wie den Helm. Der Geübte wird schnell den notwendigen Rhythmus finden und sich unter Ausnutzung der in den Fels getriebenen Eisenstifte zügig nach oben schieben, für den Gelegenheitsbergsteiger heißt es, sich langsam aber sicher hochzuarbeiten. Nach 1.30 Std. ab dem Einstieg in den Fels ist der **Gipfel** (4 Std. – 2864 m) erklommen und man darf sich endlich einen richtigen Slowenen nennen.

Der Rückweg erfolgt über den fußschmalen, ausgesetzten Grat hinab zum (kleinen) Mali Triglav. Der Grat ist mit einem Stahlseil in Hüft-

höhe ausreichend gesichert, doch kommt es immer wieder zu Gegenverkehr und dadurch zu Stockungen. Nach 15 Minuten hat man die Gratwanderung normalerweise hinter sich. Nun geht es mehr oder weniger steil über blanke Felsflächen hinunter, immer wieder unter Zuhilfenahme der Eisenstifte und Drahtseile, in die man sich einhängen kann. Doch bald schon lässt die Sicht auf die Hütte Dom Planika neuen Mut schöpfen.

Nach einer Stärkung gehen wir parallel zu den Höhenlinien mit wenigen Höhenunterschieden, aber doch einigen etwas ausgesetzten, meist stahlseilsicherten Stellen um die Flanke des Triglav herum. Wer Glück hat – und gar nicht so selten hat man es – sieht auf dieser Strecke einen Verwandten des legendären Zlatorog, der als Steinbock mit goldenen Hörnern die slo-

›Echte Slowenen‹ auf dem Triglav

wenische Sagenwelt bevölkert. Die nach ihrer Ausrottung vor knapp 100 Jahren wieder erfolgreich ausgewilderten Steinböcke haben zwar keine goldenen Hörnern, fühlen sich aber hier oben in Fels und Eis besonders wohl. Das Pfeifen der Murmeltiere wird den Wanderer allemal begleiten.

Immer dem Weg folgend, kommen wir schließlich zur Dolič-Hütte. Hinter ihr beginnt talseitig der breite Weg in Serpentinen hinunter. Nach rund anderthalb Stunden kommen wir an eine Gabelung, an der es rechts hinauf zum Luknja-Pass geht. Wir halten uns links und folgen den Serpentinen weiter in Richtung des

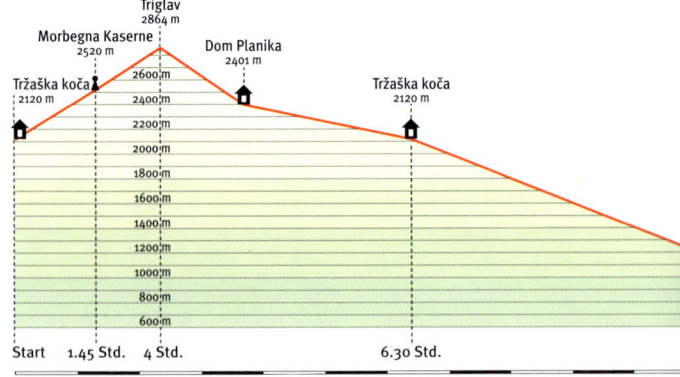

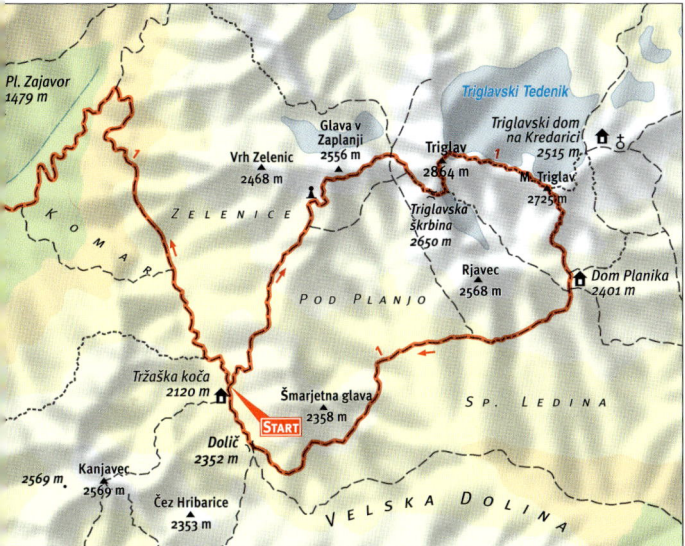

sichtbaren Tals, bis wir den Talschluss des Zadnjica-Tals erreichen.
Dort gehen wir weiter in Richtung
Trenta, vorbei an einem Parkplatz,
bis wir in der kleinen Ortschaft **Trenta** (9.30 Std.) ankommen – dem Ende unserer Wanderung.

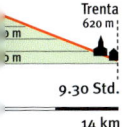

Der Zlatorog –
Eine slowenische Sage

Im Herzen der Julischen Alpen, in
den entlegenen Tälern von Trenta
und Bohinj, lebte vor Jahrhunderten
der Zlatorog. Der geheimnisvolle weiße Steinbock mit den goldenen Hörnern lebte in einem wundersamen
Garten und war zugleich der Hüter
eines reichen, im Bogatin verborge-
nen Schatzes, zu dem die Hörner der
Schlüssel waren.

Einst gelüstete es einen Mann
nach dem Schatz des Zlatorog. Er
pirschte sich an das edle Tier heran
und erschoss es. Doch hatte er dabei nicht mit dessen Wunderkraft ge-
rechnet: Aus dem Blut des verwun-
deten Tieres wuchs eine Blume, die
dem Bock auf der Stelle seine Le-
benskraft wiedergab. Wütend tötete
Zlatorog zuerst den habgierigen Jäger, um danach sein Gebirgsparadies
dies zu zerstören und für immer zu
verschwinden.

Ruinen im Hochtal

Vom Savica-Fall auf den Mahavšček und zurück

Weniger überlaufen als der nördliche und zentrale Teil des Triglav-Nationalparks ist sein südwestlicher Abschnitt. Hier kann man noch das Hochgebirge und die lieblichen Almen in der Einsamkeit genießen.

DIE WANDERUNG IN KÜRZE

++
Anspruch

7.30 Std.
Gehzeit

1400 m
An-/Abstieg

Charakter: Einfache, aber sehr lange Wanderung mit nicht besonders ausgeprägten Markierungen und einer minimal ausgesetzten Stelle

Wanderkarte: Triglavski narodni park, 1:50 000

Einkehrmöglichkeiten: Dom na Komni (ganzjährig offen), Koča pod Bogatinom (Mitte Juni bis Sep-

tember geöffnet), Koča pri Savici (Mai bis September geöffnet)

Anfahrt: Mit dem Pkw zum Parkplatz der Koča pri Savici oder **mit der Eisenbahn** bis Bohinjska Bistrica und dem Touristenbus über Ribčev Laz bis Koča pri Savici (zwischen Juni und September mehrmals täglich Fahrten)

Wir achten an der **Koča pri Savici** auf das Hinweisschild Slap Savica, folgen dem Waldweg bis zu dem Kiosk, der den Eingang zum Wasserfall markiert, halten uns hier links und bleiben auf dieser Uferseite der Savica. Nun geht es in Serpentinen durch das Halbdunkel des Laubwaldes, anfangs noch begleitet vom

Rauschen der Savica. Immer wieder ist es möglich, die weit ausholenden Kehren auf steilen Pfaden abzukürzen. Nach einer guten Stunde passieren wir eine Stromleitung hinauf zur Hütte, später bricht der Laubwald auf und wir sehen einen Karsteinbruch, ein mit einem Zaun gesichertes Loch, dessen Tiefe sich nicht

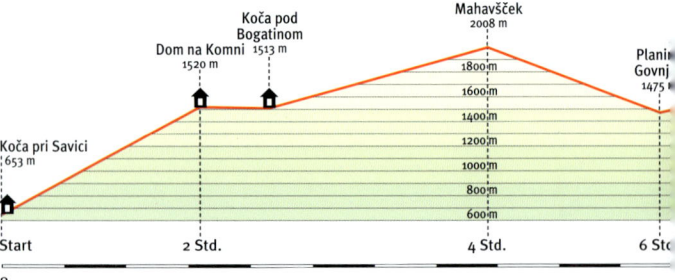

Ruinen im Gebirge zeugen noch immer vom Frontverlauf im Ersten Weltkrieg.

ergründen lässt. Dagegen reicht hier der Blick bis tief ins Tal hinein, doch der See von Bohinj ist noch außer Sicht. Bald treffen wir auf eine Kreuzung mit einem Hinweisschild zur Koča. Wir biegen hier links ab und erreichen bald die Hütte **Dom na Komni** (2 Std.).

Von der Terrasse der ganzjährig geöffneten Unterkunft schweift der Blick über den Wocheiner See (Bohinjsko jezero) bis zum Triglav-Massiv. Wir verlassen die Terrasse, folgen den Hinweisschildern zur Bogatin-Hütte durch den Nadelwald und haben bald den Gipfel, den es zu erklimmen gilt, vor Augen.

na Komni

Koča pri Savici
653 m

7.30 Std.

15 km

Hinter dem Abzweig zur Bogatin-Hütte (der nur wenige Meter vom Hauptweg entfernt liegt) nehmen wir den rechten Weg, der uns am Rand des Talkessels nach Westen führt, hinauf zum Sattel von Bogatin – auch Vratca, kleine Türe, genannt. Bald geht es durch einen Wald von Latschenkiefern und auf nicht zu steilem Pfad, der sich elegant am Hang entlang nach oben schwingt und in einer Kehre das letzte steile Stück zum Sattel überwindet.

Oben angekommen, erinnern die Außenmauern eines Militärgebäudes daran, dass hier im Ersten Weltkrieg die Front verlief und der Krn einer der am heißesten umkämpften Abschnitte im Alpenkrieg war.

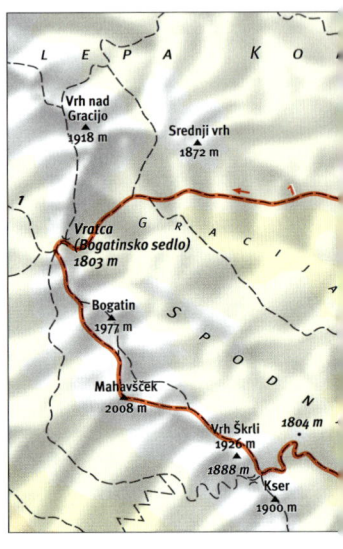

Von der Dom na Komni schweift unser Blick über den Wocheiner See bis hin zum Triglav-Massiv.

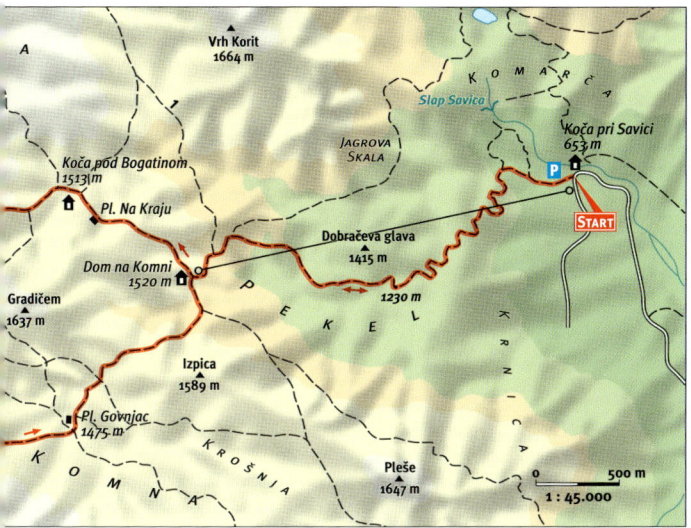

Wir nehmen nun den an der kleinen verwitterten Betonsäule beginnenden Weg steil die Flanke des Bogatin hinauf und nicht den Pfad mit dem Hinweis »Mali Bogatin«. Gleich sind wir unterhalb des Bogatin und folgen dem Pfad, der um den Gipfel herum auf die andere Seite führt. Noch einmal 15 Minuten dauert es, den Grat zwischen den beiden Gipfeln entlang zum **Mahavšček** (4 Std.) hochzuwandern. Der Weg ist hier nur minimal ausgesetzt. Belohnt wird der Wanderer durch ein fantastisches Panorama vom solitären Gipfel über die Felswelten des Triglav-Zentralmassivs bis tief hinein in den Karst im Süden.

Als Kontrastprogramm gehen wir nun auf den lieblichen Wiesenflächen der Ostseite hinunter und an dem Felsenturm des Vrh Škrli entlang. In absehbarer Zeit sind wir an einem Sattel und nehmen den weithin sichtbaren Serpentinenweg, der in einen felsigen, bis spät ins Jahr mit Schnee bedeckten Talkessel hi-

nunterführt. Nach einer halben Stunde treten wir aus diesem Kessel heraus in den nächsten, der unterschiedlicher nicht sein könnte und zu einer Rast einlädt. Im Rund um die blumengeschmückten Wiesen des intimen Kessels wachsen Latschenkiefern, ein Tor gibt den Blick auf die Julischen Alpen frei. Tritt man hindurch, kommt schließlich die **Alm Govnjak** (6 Std.) in Sicht. In der Ferne sieht man weiß blinkende Gebäude – stumme Zeugen des Ersten Weltkrieges. Nun heißt es, über die Wiesen und durch die Blumenpracht zu den Ruinen zu marschieren. Dort suchen wir das Schild nördlich der Ruinen, das auch den Beginn des Übergangs zum Vogel markiert. Von hier aus ist es nicht mehr weit zur Koča na Komni, die man auf den Resten eines gemauerten Militärweges erreicht. An einer Gabelung wandern wir links in Richtung Hütte und an der nächsten Verzweigung rechts, um zur **Koča pri Savici** (7.30 Std.) abzusteigen.

Vom See ins Hochgebirge

Entlang moderner Skipisten zum Vogel hinauf

Mit der modernen Seilbahn ist das Skigebiet unterhalb des Vogels zu einem der beliebtesten Orte für den weißen Sport geworden, doch auch der Sommertourismus hat zugenommen, zumal die Seilbahn einen langen und mühsamen Aufstieg ersparen kann.

Am Westende des Sees südlich der Straße im Wald versteckt sich die Talstation der **Seilbahn auf die Planina prvi Vogel.** Hinter ihr beginnt

der Anstieg auf der breiten gerölligen Abfahrtspiste, die im ersten Abschnitt weit nach Westen ausholt und nur wenig ansteigt, sodass man

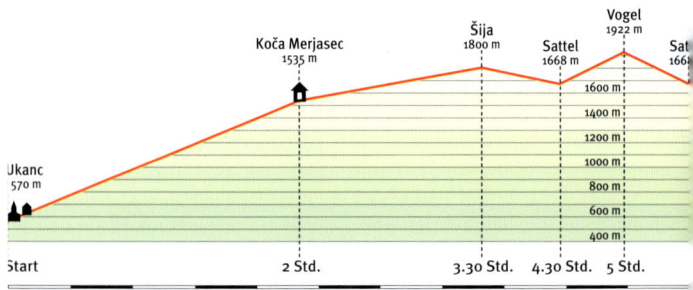

zügig ausgreifen kann. Eine Weile haben wir noch Sicht auf den oberen Talteil, dann geht es in den Wald hinein und steil und schweißtreibend auf dem Geröll nach oben; am besten wandert man in selbst gewählten Serpentinen. Nach 220 Höhenmetern und 50 Minuten ab Start wird es wieder etwas flacher, nach 5 Minuten gehen wir vom Tal weg durch den schluchtartigen Zagarjev-Graben nach Süden, und im Einschnitt taucht in der Ferne das Ziel der Wanderung auf – das Massiv der Unteren Wocheiner Berge (Spodnje Bohinjske Gore) mit dem Gipfel des Vogel, den man slowenisch Wogel ausspricht.

Nach 10 Minuten verlässt unser Weg den Graben und es wird wieder steil. An einer Gabelung, an der man geradeaus eine Liftanlage sieht, halten wir uns links und folgen dem schmaleren Fahrweg. Rund 15 Minuten später müssen wir rechts auf einen etwas versteckten Weg achten, den wir einschlagen, um gleich nach der kurzen Steigung wieder links abzubiegen. An der nächsten Gabelung nehmen wir den linken Weg und haben kurz darauf die Bergstation mit dem nur im Winter offenen Hotel, der Hütte **Planinska koča Merjasec** (2 Std.) und diversen weiteren privaten Berghütten erreicht.

Das Panorama im Süden bilden die Gipfel der Unteren Wocheiner Berge, im Norden steht stolz das Triglav-Massiv und ihm vorgelagert grüne Gipfel und Almen. Direkt an der Terrasse der Berghütte (man achte auf die Panoramazeichnung in Kopfhöhe, die die Identifizierung der Gipfel ermöglicht) beginnt der Weg über die Hochalmen, deren alpine Optik von den Metallstützen und den im Wind schwankenden Sesseln doch gewaltig beeinträchtigt wird.

Es geht über eine Senke auf den breiten Abfahrtpisten an einem Lift entlang nach Süden die Hänge hinauf. Wenn wir die Bergstation des Sesselliftes erreichen, halten wir uns rechts, lassen die Bergstation des Doppelsessselliftes Planina Zadnji Vogel rechts liegen und folgen in etwa der Trasse des Einzelsessselliftes. Binnen kurzem gehen wir durch eine Senke und orientieren uns an den Stahlstreben des Liftes, denen wir nun auf schmalem Pfad im Zickzack durch die Latschenkiefern folgen. Damit hat man endlich die Welt der Aufstiegshilfen verlassen. Hinter den Latschen kommen wir an eine Gabelung, an der rot beschriftete Steine zurück zum Skihotel, geradeaus zur Šija und rechts nach Komna weisen. Hier stößt man nach der Vogelbesteigung wieder auf den Hauptpfad. Wir gehen weiter geradeaus Richtung Šija und nehmen an der Bergstation des Liftes den Weg rechts hinter dem Häuschen auf, der in die Latschenkiefern hineinführt. Bald haben wir das Wäldchen durchdrungen, wandern zu einem Sattel 40 m hinunter und schließlich über Geröll und relativ steil etwa 70 m zum Gipfel der **Šija** (3.30 Std.) auf 1800 m hoch. Oben erwartet den Wanderer eine kleine Wiesenfläche, die zum Verschnaufen einlädt.

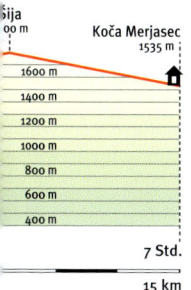

Šija
00 m

Koča Merjasec
1535 m

1600 m
1400 m
1200 m
1000 m
800 m
600 m
400 m

7 Std.

15 km

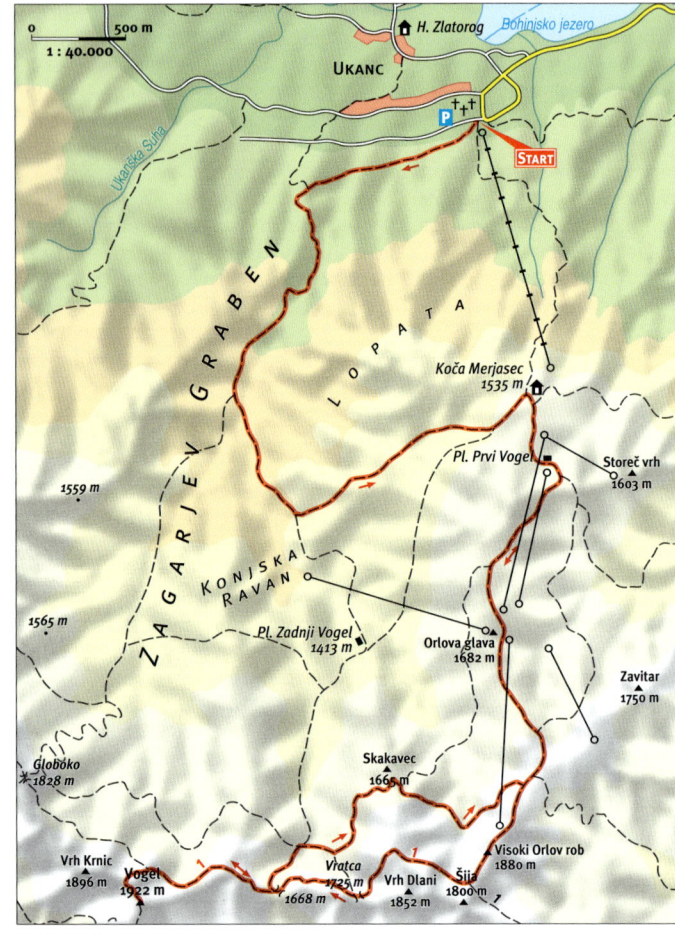

Der Weg führt nun am Grat entlang und hinunter zum Sattel **Vratca** (4 Std.). Hier könnte man über eine steile Geröllfläche mit wenig markantem Pfad 100 m absteigen, den Pfad für den Rückweg aufnehmen, um so an den oben beschriebenen Punkt zu gelangen. Wir gehen aber weiter über sattgrüne, blumengesprenkelte Wiesen mit Erlen und Latschengestrüpp und auf gutem Weg, der noch immer dem Kamm Richtung Vogel folgt. Bald müssen wir etwa 10 Höhenmeter unter Zuhilfenahme der Hände absteigen, um auf 1660 m einen Sattel zu erreichen, an dem in Serpentinen der gute Weg abzweigt, den wir auf dem Rückweg vom Vogel nehmen werden. Wenn wir die Flanke des Vogels erreichen, müssen wir ein steiles, teilweise sehr ausgesetztes und ungesichertes Stück überwinden, sodass Trittsicherheit und Schwindelfreiheit gefragt sind. Danach geht es mit mäßiger Steigung auf angenehmem Geröllpfad um die Flanke des Vogels herum. Auf der Westseite des Berges gelangen wir zu einer Kreuzung, an der unser Pfad am Grat steil hinaufführt. Nach Westen zweigt ein Weg zur Komna-Hütte ab, den wir aber unberücksichtigt lassen.

Eine halbe Stunde später haben wir den **Gipfel des Vogels** (5 Std.) erreicht und blicken auf die Almen und Täler im Süden und die Julischen Alpen im Norden. Wir folgen dem Aufstiegsweg zurück bis zum ersten Sattel, nehmen die Serpenti-

nen hinunter und halten uns künftig an den Gabelungen immer rechts (links führen die Wege in diversen Varianten zur Komna-Hütte). Der Geröllweg senkt sich langsam ab und steigt dann über mehrere Stufen wieder auf, bis wir wieder auf die Welt der Skifahrer treffen und ein roter Schriftzug uns zum Skihotel weist. Schließlich kommen wir an der **Bergstation der Seilbahn** (7 Std.) an. Wir steigen in die Gondel und lassen uns von der hochmodernen Anlage in 5 Minuten ans Ufer des Sees von Bohinj bringen.

Auch auf der Šija stellen Latschenkiefern die typische Vegetation dar.

Weites Tal und enge Schlucht

Von Bled in die Vintgar-Schlucht

Vom weiten Tal des Bleder Sees geht es hinein in das Dickicht der wildromantischen Vintgar-Klamm, durch die sich die Radovna ihren Weg hin zur Sava Dolinka gesucht hat.

DIE WANDERUNG IN KÜRZE		
+ Anspruch	**Charakter:** Bequemer Spaziergang auf guten Wegen; wegen der Querung eines Südhanges nicht unbedingt um die Mittagszeit zu empfehlen	gibt es auch an den Kiosken am Eingang der Klamm
3 Std. Gehzeit	**Wanderkarte:** Turistična karta občine Bled, 1:30 000	**Anfahrt: Mit dem Pkw** 1 km Richtung Pokljuka, dann Richtung Zasip und nach 400 m Richtung Podhom, von hier noch 3 km bis zum Parkplatz an der Schlucht. Ein Bus verkehrt vom Busbahnhof in Bled vom 15.06.–29.09. einmal täglich.
200 m An-/Abstieg	**Einkehrmöglichkeiten:** Restauracija Vintgar, Picerija Jurček, Kleinigkeiten	

An der **Hauptstraße in Bled**, wo die Straße von Pokljuka kommend einmündet, beginnen wir unseren Spaziergang. Wer mit dem Pkw anreist, steigt am Eingang zur Schlucht in die Wanderung ein. Wir gehen Richtung Hochalm, zunächst auf einem Bürgersteig an Hotels und Villen vorbei, dann am Straßenrand entlang, bis wir zum Abzweig einer kleinen Straße nach Zasip kommen. In diese biegen wir rechts ein. Eine rechts einmündende Straße ignorieren wir, um

dann an einer Gabelung links in eine kleine Asphaltstraße Richtung Podhom abzubiegen. Diese ist wenig befahren und führt uns durch eine idyllische Tallandschaft mit Maisfeldern, alten Buchen und Linden, sanften Hügeln, Bänken und dem Ausblick auf den Burgberg. Wir folgen der Straße bis kurz vor Podhom, biegen dann zweimal kurz hintereinander nach links ab und gehen unter der Eisenbahnbrücke hindurch rechts in den Ort hinein.

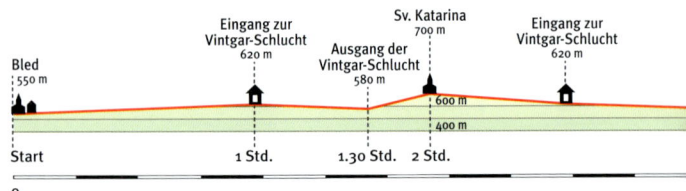

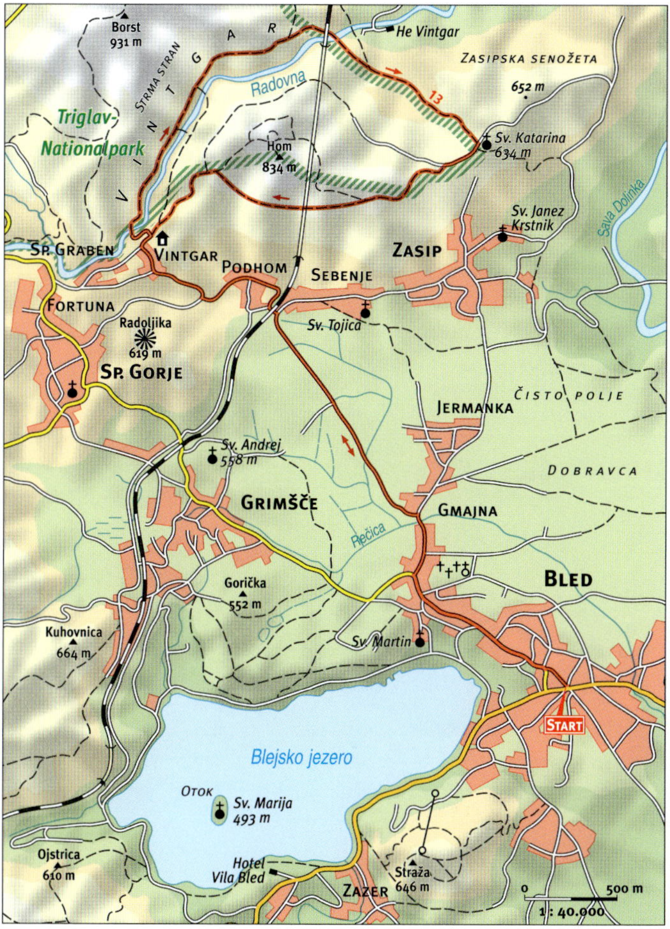

Map labels:

- Borst 931 m
- He Vintgar
- ZASIPSKA SENOŽETA
- Radovna
- 652 m
- Triglav-Nationalpark
- VINTGAR
- Hom 834 m
- Sv. Katarina 634 m
- Sv. Janez Krstnik
- Sp. GRABEN
- VINTGAR
- PODHOM
- SEBENJE
- ZASIP
- FORTUNA
- Radoljika 619 m
- Sv. Tojica
- SP. GORJE
- JERMANKA
- ČISTO POLJE
- Sv. Andrej 558 m
- DOBRAVCA
- GRIMŠČE
- GMAJNA
- Rečica
- BLED
- Goričha 552 m
- Kuhovnica 664 m
- Sv. Martin
- START
- Blejsko jezero
- OTOK Sv. Marija 493 m
- Ojstrica 610 m
- Hotel Vila Bled
- Straža 646 m
- ZAZER
- 0   500 m
- 1 : 40.000

Bled 550 m
m
3 Std.
13 km

Nur noch an vereinzelten Häusern vorbeikommend, gehen wir an einer Weggabelung rechts, folgen nun der Straße bis zur nächsten Gabelung, an der wir wiederum rechts gehen, um nach etwa 100 m ein weiteres Mal rechts in die Hauptstraße hinunter ins Tal der Radovna einzubiegen. Dabei überqueren wir über eine Brücke einen Wildbach.

Wir passieren die Gaststätte Vintgar, die für ihre Forellengerichte bekannt ist, und kurz darauf sind wir an einem Parkplatz und am **Eingang zur Schlucht** (1 Std.). Wir zahlen und ge-

67

hen in die enge Klamm hinein – auf schmalen Holzstegen und mehrfach über Brücken die Seiten wechselnd. Kaum ist Platz für die Schultern, da die Felswände sich nach innen neigen, unter den Füßen sprudelt das Wasser, bildet Strudel und Stromschnellen und die Schatten hunderter Forellen flitzen aufgeregt durchs Nass. Bald wird die Schlucht jedoch breiter, Ruinen von Einbauten, die einst der Bändigung des Baches dienten, sind zu sehen, die Hänge sind nun bewaldet und wir wandern auf einem Fußpfad am linken Bachufer weiter flussabwärts. Schließlich sehen wir hoch oben eine Eisenbahnbrücke, wir passieren ein Stauwehr und kurz darauf sind wir an dem natürlichen Wasserfall Šum mit einer Fallhöhe von 13 m, der gleichzeitig den **Ausgang** (1.30 Std.) der Schlucht bildet.

1600 m sind wir durch die Klamm spaziert, teilweise 150 m vom oberen Rand entfernt. 12 km lang ist das Tal der Radovna insgesamt, eingeschnitten zwischen den Plateaus Pokljuka und Mežakla. Die Vintgar-Klamm ist neueren Ursprungs, denn vor der letzten Eiszeit mündete die Radovna ein ganzes Stück weiter westlich bei Mojstrana in die Sava Dolinka. Doch hat der Gletscher von Bohinj die Wasser der Radovna aufgestaut und diese suchten sich über einen Sattel am Ort der heutigen Schlucht ihren Weg in die Tiefe.

Hinter dem Kiosk am Ausgang der Klamm nehmen wir nun die kurze Treppe nach oben und folgen dem Wegweiser Richtung Sv. Katarina und Bled. Zunächst geht es durch den Laubwald auf gutem Weg berg-

Durch die Fallhöhe der Radovna wurde die Vintgar-Klamm in relativ kurzer Zeit ausgewaschen – sie entstand erst nach der letzten Eiszeit.

auf, dann mehr oder weniger eben weiter bis zu einer Lichtung, an der wir wieder etwas bergan steigen. Nach 5 Minuten kommen wir auf einen Weg, dem wir nach links folgen. An der Kirche **Sv. Katarina** (2 Std.) treten wir aus dem Wald heraus. Vom Biergarten der hier angesiedelten Pizzeria hat man einen sehr guten Blick auf das Tal der Sava mit seinen vielen Ortschaften, nur der See von Bled wird vom Burgberg verdeckt.

Gegenüber der »Picerija« steigen wir beim Hinweisschild »Vintgar-Gorje« auf einem Zauntritt über den Weidezaun und gehen in westlicher Richtung auf gleich bleibender Höhe erst durch eine Farn-, dann über eine Blumenwiese. Ab und an müssen Weidezäune überstiegen werden (immer aber gibt es Tritte), auch warten Bänke zum beschaulichen Verweilen mit Blick über das Tal. Nur mittags und am frühen Nachmittag mag es auf dem schrägen Südhang für eine Pause doch etwas zu heiß sein.

Nach 40 Minuten gehen wir über eine große Wiese etwas bergab und gelangen durch ein Gatter an einen Hof. Etwas abseits hören wir schon wieder das Rauschen der Radovna. Wir nehmen nun den gleichen Weg nach **Bled** (3 Std.) zurück, den wir gekommen sind. Wer mit dem Auto angereist ist, geht die letzten Meter hinunter zur Brücke und zum Parkplatz.

Alternativ kann man auf die Wanderung von der Kirche Sv. Katarina hinunter zum Eingang der Schlucht verzichten und geht stattdessen direkt von der Kirche die kleine Straße hinunter, kommt nach 5 Minuten in die engen Gassen des Ortes Zasip, schlängelt sich auf diesen durch das Dorf und ist bald an der Hauptstraße nach Bled, das man nach gut 20 Minuten erreicht.

Tour 17

Grat zwischen Wäldern und Fels

Von der Pokljuka auf die Debela peč

Der Gebirgszug westlich des Krma-Tales trennt die dichten Wälder der Pokljuka von der unwirtlichen Welt der Steinwüste der Julischen Hochalpen. Mehr als 8 km kann man auf dem Grat hoch über der Pokljuka entlangwandern – auch wir folgen ihm für ein kurzes Stück.

DIE WANDERUNG IN KÜRZE

++
Anspruch

5.30 Std.
Gehzeit

870 m
An-/Abstieg

Charakter: Einfache Bergwanderung mit einem unproblematischen, sehr kurzen und gesicherten Durchstieg einer Scharte

Wanderkarte: Turistična karta občine Bled, 1:30 000

Einkehrmöglichkeiten: Sporthotel, Blejska koča

Anfahrt: Mit dem Pkw von Bled 17 km Richtung Pokljuka bis zum Abzweig Sporthotel, dort noch 200 m geradeaus Richtung Rudno Polje und dann 1,3 km auf der Waldstraße zum Parkplatz fahren. **Mit dem Bus** von Bled auf die Pokljuka fahren, an der Haltestelle beim Abzweig zum Sporthotel aussteigen und 200 m Richtung Rudno Polje zu Fuß bis zur Einmündung der Waldstraße gehen. Da der Bus nur morgens verkehrt, sollte man eine Übernachtung im Sporthotel einrechnen oder dort ein Taxi rufen.

Im dichten Nadelwald beginnt unser gut ausgebauter und breiter **Waldweg**. Bereits nach wenigen Minuten erreichen wir die Alm Javornik, deren Wiesen sich erst schmal ankündigen, sich dann aber schnell verbreitern und an deren Ende die originalen, holzgeschindelten Almhütten ein pittoreskes Bild abgeben. Von zwei Weidezäunen flankiert und dem Vieh

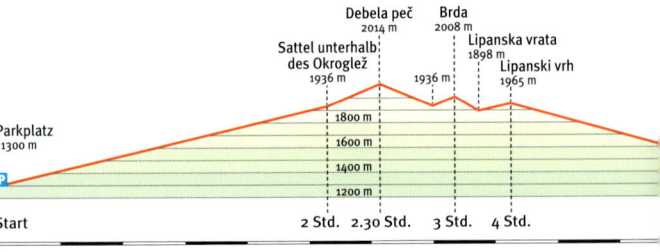

scharf beäugt durchqueren wir die Planina. Wir müssen mehrfach über Gatter klettern bzw. zum Öffnen und Schließen jeweils die oberste Lage der Rundhölzer beiseite schieben. Kurz nach Verlassen der Alm queren wir einen Fahrweg mit Parkplatz, und nun geht es langsam bergan. Wir passieren ein Hinweisschild nach Lipanca, der Alm unterhalb der Debela peč, und ignorieren einen kreuzenden sowie den von Rudno Polje einmündenden Weg. Es geht nun merklich steiler bergan. Bald sehen wir hinter einer Kurve die Gipfel vor uns, zu denen wir hinaufwollen. An einer Weggabelung halten wir uns links und kommen zur Berghütte **Blejska koča na Lipanci** (1.15 Std.). Gegenüber der Koča bei einer Hütte mit Fahnenstangen beginnt der Weiterweg an einem Stein mit der üblichen rot-weißen Markierung. Kurz darauf kommen wir an einer Gabelung zu einem Wegweiser, der uns nach links Richtung Debela peč und auf schmalem Steig durch den lichten Nadelwald bergauf weist.

Über Serpentinen, durch Fels und Geröll gelangen wir an eine Stelle, an der wir den Blick über die Almen genießen können. Hier sind wir schon nahe der Baumgrenze und die Latschenkiefern beginnen vorzuherrschen. Wir erreichen erneut eine Alm, an der wir etwas auf die Markierung achten müssen, die sich auf den Steinen im Gras leicht verliert. Etwas später haben wir die Baumgrenze endgültig hinter uns gelassen – vor unseren Augen liegt die Pokljuka in ihrer ganzen Größe ausgebreitet.

Wir gelangen zu einem **Sattel** (2 Std.) und folgen nun rechts dem holprigen Weg, der hinten um die Kuppe des Okroglež zu unserem Ziel führt. Vom Gipfel der **Debela peč** (2.30 Std.) sehen wir im Westen auf die Triglav-Gruppe im Herzen der Julischen Alpen und im Osten die ausgedehnten Waldflächen der Pokljuka.

Wir steigen wieder zum Sattel ab und suchen dort einen Stein, der uns mit der Aufschrift »Lipanski vrh/ Brda« den richtigen Weg durch die Latschenkiefern weist. Zwischen diesen geht es nun an der Flanke des Brda wieder etwas bergauf. Am Scheitelpunkt kommen wir auf einem Weg zum **Brda-Gipfel** (3 Std.), der nur unwesentlich niedriger ist als die Debela peč, und wieder hinunter.

Nach dem Abstieg vom Brda folgen wir dem Weg immer weiter bis zum Sattel **Lipanska vrata** (3.15 Std.), wo uns ein steiler Weg durch Schutt bergab führt. Nach einigen Minuten geht es durch Latschenkiefern und über Geröll wieder bergauf und zu einem kurzen, leichten Kletterabschnitt, der uns mithilfe unserer Hände 10 Höhenmeter tiefer bringt. Unten halten wir uns sofort rechts, entlang des Fußes einer Felswand, um den Weg aufzunehmen, und erreichen erneut einen Sattel, von dem ebenfalls ein Weg ins Tal führt. Auf der anderen Seite sehen wir die Hütte Blejska koča. Wir achten auf die Markierung schräg hoch Richtung Süden durch die Latschenkiefern, die uns auf die grasbewachsene Kuppe des **Lipanski vrh** (4 Std.) bringt. Senkrecht fällt es hier ins Krma-Tal

arkplatz
1300 m

n

30 Std.

13 km

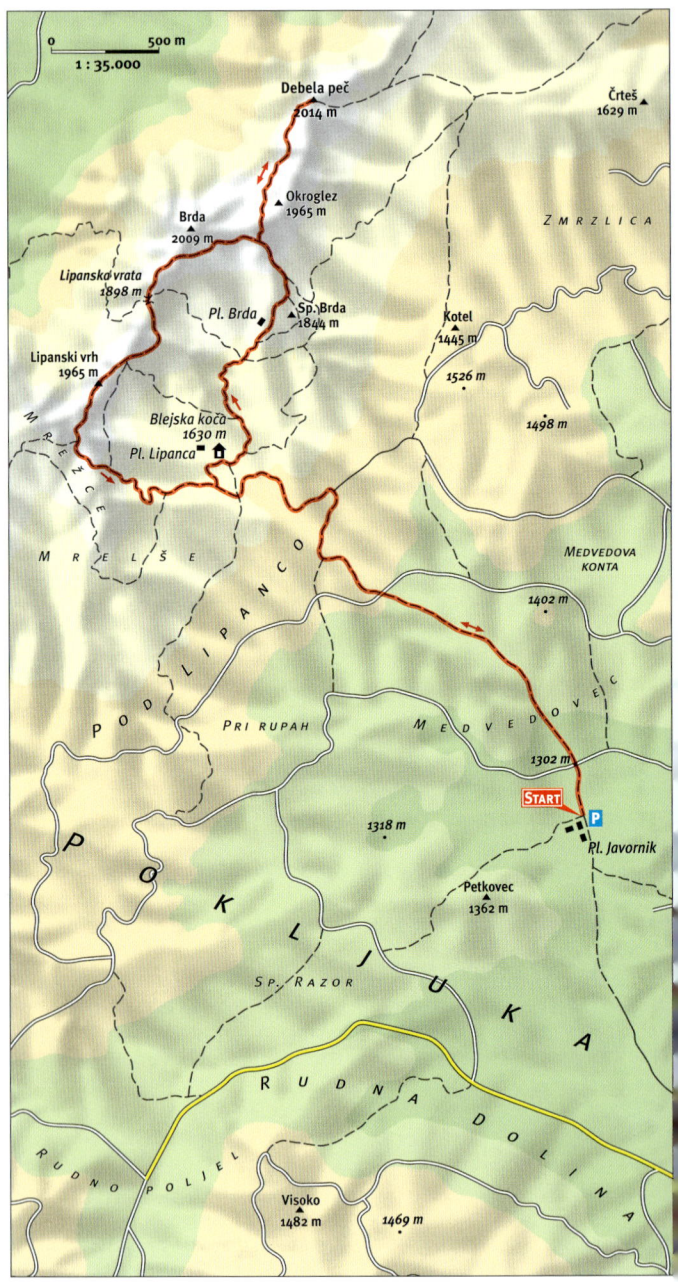

Die meisten Hütten im Triglav-Nationalpark müssen mit dem Hubschrauber versorgt werden, was zur Folge hat, dass die Preise hier höher sind als in anderen Berghütten.

ab und man sollte sich nicht zu nahe an den Abgrund wagen.

Minuten später stehen wir an einer minimal ausgesetzten Scharte, die es unter Nutzung der Drahtseile und Eisenstifte zu durchsteigen gilt. Nun wandern wir am Wegweiser »Lipanca« links und über die karststeingesprenkelten Wiesen gemütlich bergab. Man achte dabei auf die Markierungen, damit man nicht zu weit vom Weg abkommt.

Schließlich erreichen wir einen Forstwirtschaftsweg, in den wir links einbiegen. Bald darauf stehen wir wieder an der Hütte **Blejska koča** (4.45 Std.). 10 Minuten später achten wir auf den Abzweig zum Sporthotel, biegen dort ab und haben bald den **Parkplatz** (5.30 Std.) nahe dem Sporthotel erreicht.

Langläufer auf der Pokljuka

Das Hochplateau der Pokljuka ist im Winter ein beliebtes Revier für Langläufer; bis in den Mai hinein liegt hier manchmal Schnee, das Netz von Loipen ist bestens ausgebaut und wird gut unterhalten. Auf der Pokljuka finden auch internationale Langlaufwettbewerbe und ein Biathlon statt.

Im Süden der Karawanken

Hinauf zur Dobrča

Die beste Sicht über das weite Tal der Sava bietet der Hausberg der Bewohner von Tržič, der südlichste der höheren Gipfel der Karawanken. Die Gegend ist bekannt für ihre seltene Pflanzenwelt, wie etwa das »Einköpfige Ferkelkraut« (Hypochaeris uniflora).

DIE WANDERUNG IN KÜRZE

++
Anspruch

4.30 Std.
Gehzeit

970 m
An-/Abstieg

Charakter: Einfache Gebirgswanderung auf guten, aber teilweise steil verlaufenden Waldpfaden

Wanderkarte: Izletniška karta Gorenjska, 1:50 000

Einkehrmöglichkeiten: Koča na Dobrči (Juni bis September täglich, sonst an den Wochenenden geöffnet)

Anfahrt: Mit dem Pkw von Begunje bei Radovljica 6 km Richtung Tržič fahren und am Ortseingangsschild von Hudi Graben parken. **Mit dem Bus** von Radovljica nach Hudi Graben und zurück. Der Bus verkehrt an Werktagen vormittags zweimal, nachmittags nur an Schultagen.

Wir beginnen unsere Wanderung am **Ortseingangsschild** von Hudi Graben, gehen wieder 20 m aus dem Ort heraus und dann rechts den gerölligen Fahrweg bergauf. Bald biegen wir in einen schmalen Waldpfad nach links ein und kurz darauf folgen wir der Markierung zur Koča na Dobrči rechts auf einen Wirtschaftsweg. Gleich dar-

auf biegen wir wieder links in den Wald ein, um sofort auf einen Wirtschaftsweg zu treffen. Nach 10 Minuten gehen wir an einem markierten, rechts stehenden Baum nach links, weg von dem nun stark zugewachsenen Forstweg.

Eine Weile später, inzwischen wieder auf einem breiteren Weg, haben

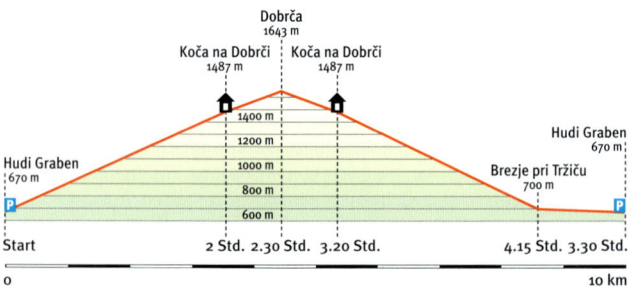

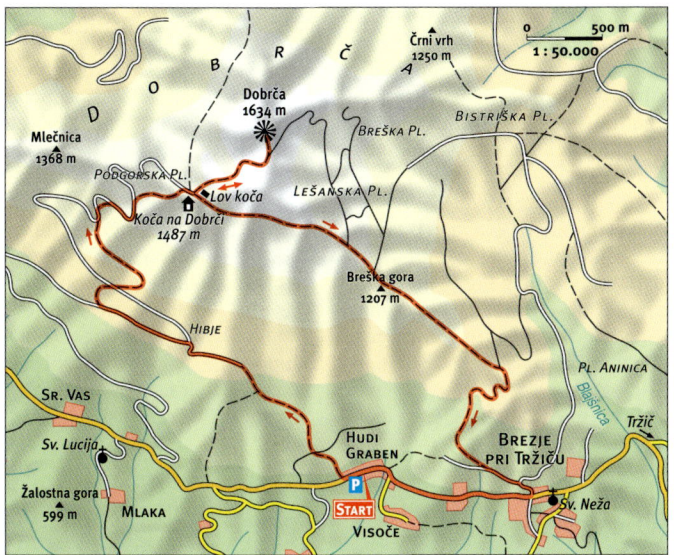

wir einen der wenigen Ausblicke aufs Tal. An der nächsten Kreuzung müssen wir auf die Markierung achten, die uns an einen schmalen Pfad in den Wald weist. Wir kommen an einer Kreuzung erneut zu einem Fahrweg; 10 Minuten später wandern wir an einem Weg vorbei, der hinunter nach Slatna führt. Bislang war die zu bewältigende Steigung recht stramm, doch in der nächsten Zeit wechseln sich flachere Abschnitte immer wieder mit den steileren ab. Ein in Serpentinen verlaufender Fahrweg wird mehrfach von unserem Weg gekreuzt. (Wem der Anstieg zu steil ist, kann auf diese Straße ausweichen.) Schließlich ist der Anstieg ganz unvermittelt zu Ende, wir treten aus dem Wald heraus und stehen direkt an der Hütte **Koča na Dobrči** (2 Std.), deren Terrasse, über den Baumwipfeln am Abhang stehend, schon eine exzellente Sicht ins Tal erlaubt.

1487 m Höhe haben wir nun erreicht, spazieren über die Wiese der Hochalm mit Pferden und Kühen hinunter zu den Almhäuschen und passieren diese ganz nah an der rechten Seite. Hier sind die Wegmarkierungen auf den Steinen im Gras recht schlecht zu erkennen: Wir halten uns immer gerade bergauf und nehmen am Ende der Wiese den Waldpfad auf. Über den mit Wurzeln überzogenen, schmalen, aber nicht allzu steilen Pfad steigen wir zum Gipfel der **Dobrča** (2.30 Std.) auf. Rund um die kleine grasbewachsene Kuppe steht dichter Wald und wir können über dessen Wipfeln noch gerade die Aussicht genießen. Im Norden beeindruckt uns das Massiv der Begunjščica, in den Westen schweift der Blick über das Sava-Tal und den See von Bled und im Osten erheben sich die schroffen Zweitausender der Steiner Alpen.

Wir steigen wieder zur Hütte ab und nehmen von dort den Weg durch die Wiesensenke und wieder hinauf an den Waldrand: Dabei dürfen wir uns nicht zu weit nach rechts unten oder Richtung Gipfelaufstieg orientieren, sondern halten uns etwa in der Mitte der Alm. Nach einem Zauntritt nimmt uns der Wald auf. Wurden wir beim Aufstieg mit Ausblicken eher stiefmütterlich bedacht, werden wir nun beim Abstieg ab und an belohnt. Nach knappen 15 Minuten nehmen wir an einer Kreuzung den Weg Richtung Brezje pri Tržiču, und auf mit ausgelegten Baumstämmen befestigten Serpentinen geht es nun sehr schnell bergab. An einer Bank mit Ausblick ignorieren wir den breiten Fahrweg und gehen gerade-

aus weiter, wieder in den Wald hinein und auf einem Bergrücken entlang. Wir verlassen den Rücken, der Weg verläuft kurz auf gleicher Höhe, geht dann wieder schnell abwärts und nach einer Weile entlang eines ausgewaschenen Bachbettes auf Kies und Schutt bis zu einem Zaun, dem wir folgen. Wir treffen auf einen Fahrweg, gehen nach links und erreichen die ersten Häuser von **Brezje** (4.15 Std.). Geradeaus weitergehend kommen wir gleich darauf zur Hauptstraße, gehen links und sind bald in **Hudi Graben** (4.30 Std.) angelangt.

In Slowenien noch immer von einiger Bedeutung: die Almwirtschaft

Sloweniens schönste Aussicht

Auf den Stol

Der Stol ist der höchste Gipfel der Karawanken und der Hausberg der Bleder. Auch die Österreicher steigen gerne auf den ›Hochstuhl‹, liegt der Gipfel doch dicht an der Grenze. Der Nordhang ist schroff und steil, während sich der Süden mit Wiesen weit lieblicher darstellt.

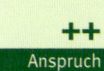

DIE WANDERUNG IN KÜRZE

++
Anspruch

5 Std.
Gehzeit

1100 m
An-/Abstieg

Charakter: Wegen des steilen Anstiegs anstrengende, aber sonst einfache Wanderung

Wanderkarte: Izletniška karta Gorenjska, 1:50 000

Einkehrmöglichkeiten: Valvasorjev dom (Mai bis Oktober täglich, sonst an den Wochenenden), Prešernova koča (Juni bis Oktober)

Anfahrt: Mit dem Pkw von Bled Richtung Jesenice, aber nicht auf die Autobahn, sondern parallel dazu auf der Landstraße fahren. In Moste hinter der Brücke scharf rechts abbiegen, unmittelbar danach wieder links und auf der Hauptstraße 1,3 km den Berg hoch, dann auf Schotter noch 5 km fahren. **Mit dem Bus** von Jesenice nach Moste fahren und von dort zuerst auf Schotterstraße, dann auf Waldweg in ca. zwei Stunden hoch zur Hütte Valvasorjev dom laufen.

Hinweis: Wegen der Länge ist bei einer Anreise mit dem Bus eine **Übernachtung** auf der Hütte notwendig.

Wir starten an der Hütte **Valvasorjev dom**, indem wir die der Hausfront gegenüberliegende Wiese überqueren und in den Wald hineingehen. An der nächsten Gabelung halten wir uns rechts, der schmale Pfad verläuft auf gleicher Höhe durch den Wald. Nach rund 15 Minuten kommen wir an eine Kreuzung, der Wald lichtet sich, wird zur Alm (Žirovniška planina) und wir marschieren nach links. Gleich darauf gabelt sich der Weg erneut: Wir nehmen den direkten Anstieg nach links (und werden über die flachere Variante zur Hütte zurückkehren). Es geht nun teils steil und unmittelbar, teils auf engen, immer noch recht steilen Serpentinen die Flanke des Berges hoch. Meist haben wir Aussicht über das Tal.

Nach einem anstrengenden Anstieg kommen wir in Nadelwald und sehen hoch oben die Wiesen der sonst blanken Gipfel. Später stehen wir auf einer Art **Balkon** (1.15 Std.) auf 1640 m Höhe, der nicht ohne Grund Prižnica – Kanzel – genannt wird. Wir blicken auf das Sava-Tal, über den See von Bled und in der Ferne blinkt in der Morgensonne,

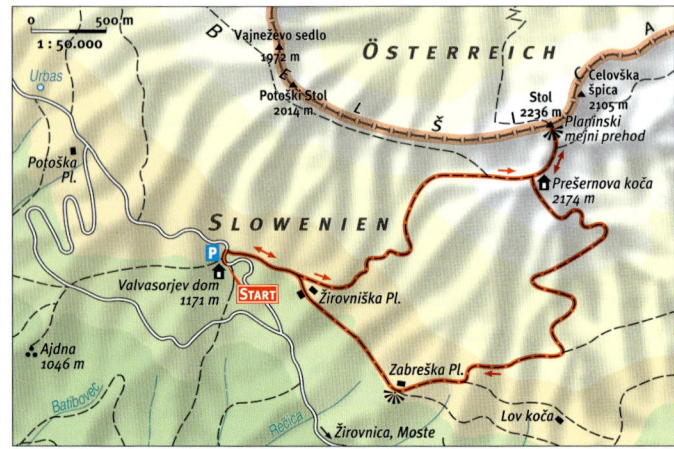

umringt mit einem Wolkenkragen, das Triglav-Massiv.

Immer noch geht es nun steil bergauf, am Wegesrand stehen Latschenkiefern, bald aber verschwinden auch diese und wir steigen über die Wiesen und auf Geröll hoch zu den Kuppen, die wir nun nicht mehr aus dem Blickfeld verlieren. Weit über der Kanzel erreichen wir auf 2174 m die Hütte **Prešernova koča** (2 Std.), 24 Höhenmeter unterhalb des Gipfels Mali Stol aufs Tal ausgerichtet, sodass der Blick in die Ferne schweifen kann.

Wir gehen an der Rückseite der Hütte über den Mali Stol – ›Kleiner Hochstuhl‹ – und 50 Höhenmeter zu einem Sattel hinunter (von dem aus es 1,5 Stunden zur Klagenfurter Hütte auf österreichischem Boden sind) und wieder hinauf auf den Gipfel des **Stols** (2.30 Std.) auf 2236 m.

Der Stol besteht aus weichem Trias-Kalkstein und hartem Dolomit und bietet eine der schönsten Weitsichten des Landes: vom Triglav und weiteren Gipfeln der Julischen Alpen im Westen über den Großglockner und Kärnten im Norden, die Berge der Peca-Gruppe im Osten bis zum Becken von Ljubljana. Auf den Wiesen des Berges wächst eine bunte Pracht an Alpenblumen, u.a. das Zois-Frühlingsveilchen (Viola zoysii), und stets umschwirren Dohlen und Krähen die Felszacken seines Gip-

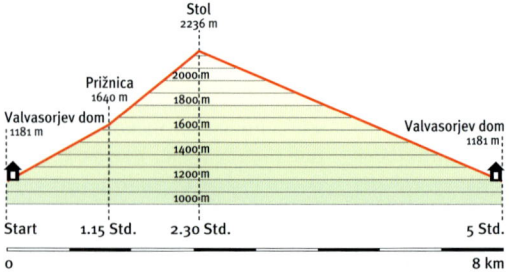

fels. Sie warten darauf, von den Wanderern Brotkrumen zugeworfen zu bekommen und wagen sich erstaunlich nahe an den Menschen heran.

Wir gehen auf den idyllischen Wiesen der Südseite wieder zur Koča zurück und nehmen nach einer Rast auf den Bänken neben der Hütte den Weg über die Wiesen vor der Terrasse hinunter. Ein Schild weist uns nach einer Weile den Weg schräg rechts hinunter Richtung Valvasorjev dom. Bald geht es über Geröll und in Serpentinen hinein in die Latschenkiefern und wir passieren an einer Bank einen Gedächtnisstein für einen Bergsteiger. Nun gelangen wir endgültig in den Wald und auf dem schmalen Pfad weiter schnell hinunter. Nach rund 20 Minuten achten wir auf einen Pfad rechter Hand und folgen ihm bergab. Etwas später kommen wir an eine Gabelung, an der wir links über die Alm Zabreška (wo man sich in der Saison mit einem Glas frischer Milch stärken kann) Richtung Valvasorjev dom gehen. Wir folgen dem Weg weiter, kommen an einen Weidezaun, dann an eine Schutthalde und stehen schließlich an der Kreuzung, an der wir morgens links abgebogen sind. 15 Minuten hinter der Kreuzung (an einer Gabelung links gehend) haben wir den **Valvasorjev dom** (5 Std.) erreicht.

Schroff und steil ist der Gipfel des Stols, bietet dafür aber einen eindrucksvollen Überblick über die slowenische Bergwelt.

20

Tour

Almen und Wälder

Von der Velika Planina ins Tal der Kamniška Bistrica

Hinauf auf die Velika Planina, die größte Alm der Steiner Alpen, gehts bequem per Gondelbahn. Ein kurzer Anstieg bringt uns zur Kuppe; dann folgen wir Almwegen und Waldpfaden hinab ins enge Tal der Bistrica.

DIE WANDERUNG IN KÜRZE

+
Anspruch

3 Std.
Gehzeit

193 m
Anstieg

1000 m
Abstieg

Charakter: Vorwiegend Waldwege, gelegentlich steil und steinig; Orientierung im letzten Drittel nicht ganz einfach. Abgesehen von einem kurzen Aufstieg wird der Höhenunterschied von 1000 m bergab bewältigt.

Wanderkarte: Kamniško-Savinjske Alpe, 1:50 000

Einkehrmöglichkeiten: Koča Zeleni Rob

Anfahrt: Mit dem Pkw von Kamnik 4 km Richtung Kamniška Bistrica. Die Tal-station der Seilbahn befindet sich links der Straße. **Busse fahren** mindestens zweimal täglich von Kamnik zur Talstation und zurück. **Mit der Seilbahn** zur Velika Planina auffahren.

Hinweis: Die Seilbahn verkehrt von Mitte Juni bis Mitte September stündlich zwischen 8 und 20 Uhr, außerhalb der Saison nur an den Wochenenden stündlich, ansonsten gibt es drei Fahrten täglich.

Die Wanderung beginnt an der **Bergstation der Kabinenbahn**. Wir folgen dem breiten, in Serpentinen bergauf führenden und rot-weiß markierten Weg durch Almwiesen. Gleich zu Beginn sehen wir rechts eine der für die Velika Planina typischen Almhütten mit ihrem nahezu ovalen Grundriss

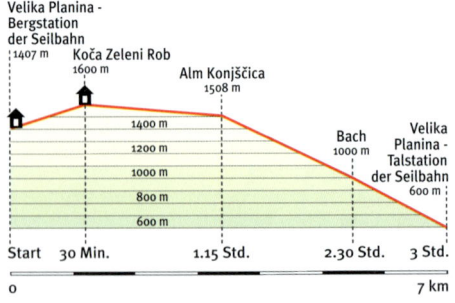

Velika Planina -
Bergstation
der Seilbahn
1407 m   Koča Zeleni Rob
1600 m

Alm Konjščica
1508 m

1400 m

1200 m

1000 m

800 m

600 m

Bach
1000 m

Velika
Planina -
Talstation
der Seilbahn
600 m

Start   30 Min.   1.15 Std.   2.30 Std.   3 Std.

0   7 km

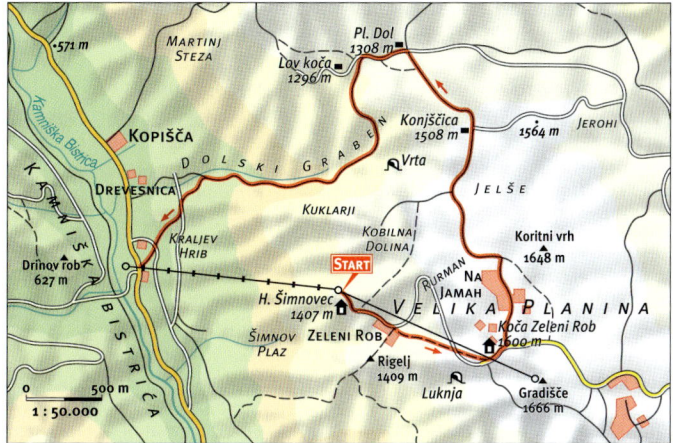

und dem tief heruntergezogenen Schindeldach, die heute zumeist als Ferienhäuser wohlhabender Hauptstädter dienen. Seit Jahrhunderten werden die Hütten hier so gebaut. Vergleichbare Architekturtraditionen gibt es in anderen slowenischen Almgebieten nicht und die Herkunft dieses Baustils ist unbekannt. Am Wegesrand wachsen Glockenblumen und Enzian. Letzterer steht natürlich auch hier unter strengem Naturschutz und darf nicht gepflückt werden. Mehrmals quert der Pfad die Trasse des Sessellifts, passiert einen kleinen Schlepper – die Velika Planina ist ein beliebtes slowenisches Skigebiet – und erreicht schließlich die Hütte **Zeleni Rob** (30 Min.). Kein schroffer Gipfel, sondern eine mit Wiesen bestandene Kuppe erwartet die Wanderer hier oben; ein paar Fichten und Sturmlärchen sind vom ursprünglichen Wald stehen geblieben, der für die Almwirtschaft gerodet wurde, denn die Velika Planina, die »große Alm«, ist die größte Hochebene in den Steiner Alpen und bestens fürs Milchvieh geeignet.

An der Hütte verzweigt sich der Weg: Nach links und leicht bergab geht es zu einer Gruppe von Ferienhäusern und auch geradeaus, wohin ein Wegweiser nach Koče weist, sieht man die Dächer von »Wikends«, wie Slowenen ihre Freizeithütten nennen.

Wir gehen geradeaus und kurz darauf an einem Wegweiser mit der rotweißen Markierung nach links in Richtung Konjščica. Breit und gemächlich läuft man über Almwiesen ganz sanft bergab. Kleine runde Viehtränken und Almhütten liegen links und rechts des Weges, der schließlich über eine kleine Anhöhe schwingt, um dahinter etwas steiler bergab zu gehen. Ein Tor mit Stacheldraht links und rechts markiert das Ende der Alm; dahinter beginnt schattiger Mischwald. Später treten wir zwischen den Bäumen hinaus auf Wiesen – die **Alm Konjščica** (1.15 Std.) mit drei traditionellen Almhütten ist erreicht. Ein Wegweiser zeigt Verlauf und Dauer des weiteren Weges an: Nach Kamniška Bistrica sind es noch 2 Stunden.

Erneut führen uns die rot-weißen Markierungen in schattigen Mischwald; der Weg ist schmal, steinig und gelegentlich auch glitschig. Hier sollte man sehr genau auf Markierungen achten, denn immer wieder zweigen Pfade ab, kreuzen Wege, und nur allzu leicht geht man in die Irre. Die generelle Richtung führt bergab und leicht links, bis sich eine weitere Alm, die Planina Dol, mit Wiesen und Elektrozaun ankündigt, über den ein Zauntritt hilft. Hinter diesem führt der Weg leicht bergab über die Wiese direkt auf die Almhütte zu und stößt schließlich auf eine breite von rechts kommende **Kiesstraße** (2 Std.).

Der große Wegweiser ist kaum zu übersehen: Geradeaus könnten wir in einer Stunde auf den Gipfel des Konj, des »Pferdes«, wandern; nach Kamniška Bistrica schickt uns der rotweiße Kreis nach links, wo uns noch einmal ein Zauntritt über die Elektrodrähte hilft und uns wieder in Wald entlässt. Schon nach 20 m verlassen wir den breiten Weg und folgen einem schmalen, stellenweise sehr steinigen Pfad, der von links oben durch den Wald bergab führt und im Prinzip dem Verlauf des Dolski-Grabens folgt. Im Frühsommer duften hier die zartvioletten Zyklamen und spätestens gegen Ende August beginnt die Schwammerlsaison. Der Wald ist voller Pilze, und Pfifferlinge und Steinpilze, bei uns so gesucht, wachsen hier zuhauf.

Man sollte sich aber von den Gaben der Natur nicht ablenken lassen, denn die Orientierung in diesem letzten und längsten Abschnitt der Wanderung ist nicht einfach. Zum Teil sind hier nur noch zwei parallele rote, aber stark verblichene Linien auf Felsen und Bäume gemalt – und zwar wesentlich häufiger für den Auf- als für den Abstieg. Manchmal hilft es, sich umzudrehen und bergan nach einer Orientierungshilfe zu suchen.

Wenn der Weg tatsächlich verloren ist, gehen wir generell links und halten im Mischwald nach der grauweißen Masse der Felswand Kuklarji Ausschau, die etwa 15 Minuten nach Verlassen der Alm »Dol« links oben deutlich in Sicht kommt und den Weg auf der folgenden Dreiviertelstunde mal näher, dann wieder weiter entfernt begleitet. Sie ist ein typisches Merkmal des Kalkgebirges: Die Erosion hat Schründe in sie gefräst, Höhlen ausgewaschen und kleinere Felsblöcke abgesprengt.

Nach einer Weile nähert sich von rechts nun ein im Sommer ausgetrocknetes Bachbett, das dem Flüsschen Kamniška Bistrica unten im Tal zufließt und dem der Weg, es gelegentlich **überquerend** (2.30 Std.), folgt. Farnhaine wechseln sich ab mit ganzen Teppichen von Zyklamen und stets duftet es intensiv nach Pilzen. Außer dem Zwitschern der Vögel und dem gelegentlichen Geraunze einer Kröte ist nur das Rascheln der Blätter zu hören.

Der immer noch nicht gut markierte Pfad führt schließlich nach links vom Bach weg, geht durch eine Fichtenschonung und mündet dann in einen breiten, querenden **Fahrweg** (2.45 Std.). Die Straße durchs Tal der Kamniška Bistrica ist unten bereits zu sehen, aber nicht auf direktem Abstieg zu erreichen, da Privatgrund dazwischen liegt. In einem großen Bogen spazieren wir nun bequem unter der Seilbahntrasse hindurch und ein gutes Stück darüber hinaus, bis der Fahrweg sich wieder nach rechts wendet und uns zur Straße bringt. Diese überquerend erreichen wir schließlich die **Talstation der Seilbahn** (3 Std.).

Die traditionellen Almhütten der Velika Planina mit ihrem ovalen Grundriss und dem tiefen Schindeldach

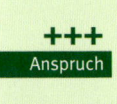

Die Wildnis der Steiner Alpen

Vom Tal Kamniška Bistrica zum Kamniško sedlo

Die Steiner sind vielleicht noch ursprünglicher und wilder als die Julischen Alpen, auf alle Fälle sind die einfachen Pfade sehr beschränkt. Meist trifft man auf den einen oder anderen Kletterabschnitt. So auch bei der Passage vom Kamniško sedlo zum Fuß der Planjava.

DIE WANDERUNG IN KÜRZE

+++
Anspruch

9 Std.
Gehzeit

1800 m
An-/Abstieg

Charakter: Wegen ihrer Länge und eines kurzen, mit Drahtseilen gesicherten Abschnittes eher eine anspruchsvolle Tour

Wanderkarten: Izletniška karta Zgornja Savinjska dolina, 1:50 000, Kamniško-Savinjske Alpe, 1:50 000

Einkehrmöglichkeiten: Dom v Kamniški Bistrici

(April bis Oktober täglich geöffnet), Kamniška koča (Juni bis Oktober täglich geöffnet), Kocbekov Dom na Korošici (Juni bis Oktober täglich geöffnet)

Anfahrt: Mit dem Pkw von Kamnik zum Parkplatz an der Hütte Kamniški Bistrici. **Mit dem Bus** mindestens zweimal täglich von Kamnik nach Kamniška Bistrica und zurück

---

Wir lassen die Hütte **Dom v Kamniški Bistrici** links liegen und gehen das Asphaltsträßchen weiter ins Tal hinunter. Es wird umgehend zur Schotterstraße und bald kommen wir rechts an einen Waldpfad den Berg hoch, wo uns das Hinweisschild mit der Mitteilung »Kamniško sedlo 3,5 h« ermutigt. Es geht relativ steil bergauf, wir erreichen den Fuß einer Felswand, passieren diese und kommen zu einem Haus an einem Fahrweg. Diesem folgen wir, schlagen uns aber nach 10 m wieder rechts in den Wald hi-

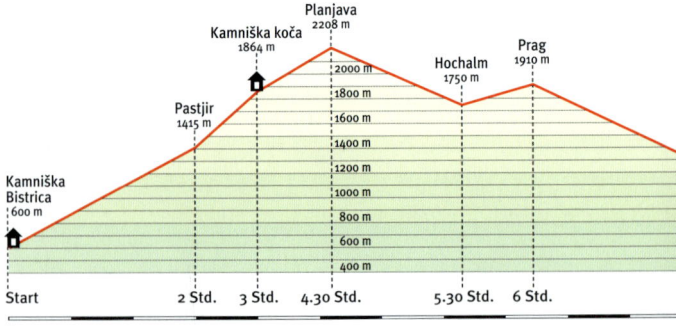

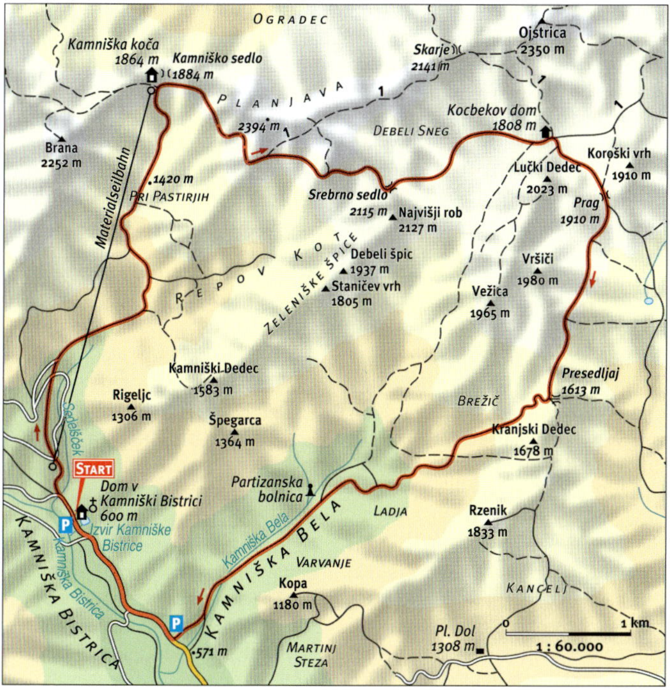

Map labels:

OGRADEC

Kamniška koča
1864 m

Kamniško sedlo
1884 m

Ojstrica
2350 m

Skarje
2141 m

P L A N J A V A

Kocbekov dom
1808 m

2394 m

DEBELI SNEG

Koroški vrh
1910 m

Brana
2252 m

1420 m
PRI PASTIRJIH

Materialseilbahn

Srebrno sedlo
2115 m · Najvišji rob
2127 m

Lučki Dedec
2023 m

Prag
1910 m

K O T

Debeli špic
1937 m

Vršiči
1980 m

Z E L E N I Š K E   Š P I C E

Staničev vrh
1805 m

Vežica
1965 m

R E P O V

Kamniški Dedec
1583 m

Presedljaj
1613 m

Rigeljc
1306 m

Špegarca
1364 m

BREŽIČ

Kranjski Dedec
1678 m

START
Dom v
Kamniški Bistrici
600 m

Izvir Kamniške
Bistrice

Partizanska
bolnica

Rzenik
1833 m

LADJA

Kamniška Bela

K A M N I Š K A   B E L A

VARVANJE

KANČEL

Kopa
1180 m

Kamniška Bistrica

571 m

MARTINI
STEZA

Pl. Dol
1308 m

1 km

1 : 60.000

---

nein. Nach einem steilen Anstieg treffen wir wieder auf einen Fahrweg, gehen 10 m bergab und dann erneut auf den Waldpfad, diesmal nach links.

Der Weg verläuft durch den hohen Laubwald mit seinen lichten Buchen etwas flacher und führt uns tiefer ins Tal hinein. Bald gabelt er sich, wir orientieren uns bergauf und kommen zum Talschluss. Hier nehmen wir den weiter oben verlaufenden Weg und an der nächsten Gabelung den rechten Abzweig, an dem uns ein Schild noch 1.30 Std. Wanderzeit angibt.

Bald sehen wir vor uns die Felstürme, die wir noch zu erklimmen haben, und erreichen schließlich einen Absatz mit Picknicktischen und einem Schutzdach für widrige Wetterverhältnisse. Wir haben den Punkt **Pastjir** (2 Std.) erreicht, sind nun auf 1400 m Höhe, lassen den Mischwald hinter uns, kommen in die Region der Lärchen und genießen den Blick auf den Sattel, auf den wir nun über die Hochalm zugehen. Auf Geröll wandern wir weiter bergauf und gelangen so zu den Latschenkiefern, an denen

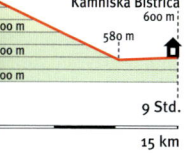

Kamniška Bistrica
600 m

580 m

00 m
00 m
00 m

9 Std.

15 km

der letzte Anstieg beginnt. Steil ist er, verläuft auf Kies und Geröll, die Lärchen verschwinden und auch die Latschenkiefern bilden nur noch Inseln im Schutt. Unser Ziel sind die Masten der Materialseilbahn, die hoch oben in den Himmel ragen. Wir lassen die Baumgrenze endgültig hinter uns und gehen steil über Schutt und bald in Serpentinen etwas weniger anstrengend weiter, bis wir die **Hütte** (3 Std.) auf 1864 m erreicht haben.

Die Kamniška koča ist ein berühmtes Wanderziel auf dem Sattel zwischen den Gipfeln Planjava im Osten und Brana im Westen. Man schaut von hier weit hinein ins Tal Logarska dolina, und auch der Wasserfall Rinka am Okrešelj ist im Blickfeld.

Von hier aus stehen dem versierten Bergsteiger die verschiedensten Touren zur Auswahl. Doch Vorsicht: Die meisten Übergänge sind Klettersteige und nicht einfach. Insofern verlangen die Steiner Alpen den Wanderern technisch einiges ab. Aus sind die Zeitvorgaben den Trainierten unter den Slowenen angepasst, sodass man immer nur knapp die angegebenen Zeiten des Alpenvereins von Kamnik einhalten kann.

Wir verfolgen einen der einfacheren Wege, nämlich den zur Hütte Kocbekov dom (zur Richtungsweisung auf den Felsen mit roter Farbe als Korošica aufgemalt), haben aber auch hier einen gesicherten Abschnitt zu bewältigen. Wir nehmen den Weg nach Osten bergauf, der unterhalb einer Scharte durch das Geröllfeld verläuft, und kommen nach rund 15 Minuten steil durch den Schutt im Fels an eine kurze, etwas ausgesetzte Stelle. Hinter ihr klettern wir etwa 10 m durch eine Rinne hinauf, die uns an eine Wand bringt, die wir drahtseilgesichert queren. Danach kommen wir über ein Schuttfeld wieder

auf einen ›normaleren‹ Weg schräg bergauf. Nun geht es in Serpentinen über einen Wiesenrücken und an einer Tafel vorbei, die an einen Bergsteiger erinnert. Wir gehen unterhalb einer steil aufragenden Felswand entlang und gelangen an den ausgesetztesten Abschnitt der Tour – ca. 50 m halten wir uns am Seil auf schmalem Pfad fest. Am Ende der Passage gehen wir über Fels ein Stück höher, absolvieren eine weitere Drahtseilsicherung und danach geht es unter der Felswand ohne Anstrengung weiter. An einer Stelle mit unklaren Markierungen halten wir uns auf dem schrundigen Felshang etwas nach rechts oben, um nach 2 Minuten den Pfad aufzunehmen. Immer wieder muss man ein wenig klettern. Bald geht es an einem Grat entlang und kurz darauf unterhalb des Felsdomes schräg über eine Wiese. Schließlich erreichen wir den Abzweig zur Planjava. (250 Höhenmeter sind zum Gipfel noch zu bewältigen und aus Zeitgründen verzichten wir darauf.) Wir gehen teils über Schuttfelder, teils über Wiesen weiter, müssen noch einmal die Hände zu Hilfe nehmen und auf die Steinmännchen achten, um den Pfad nicht zu verlieren. Kurz danach stoßen wir auf den **Weg** (4.30 Std.), der an der Ostflanke der Planjava hinunterführt. Ab hier verlieren wir nun an Höhe, über einen Rücken geht es unproblematisch in Serpentinen 100 Höhenmeter hinunter und wir kommen zu den Steinpyramiden des Sattels **Srebrno sedlo** (4.45 Std.).

Weiter geht es in Serpentinen einen Geröllhang hinunter und durch einen 10 m langen, drahtseilgesicherten, aber nicht ausgesetzten Abschnitt. Im Osten kann man schon die Berghütte sehen und die nächste Sicherung ist mehr eine Abstiegshilfe, bevor man die Latschenkiefern erreicht. Nun haben uns die Wiesen endgültig wieder, nur noch vereinzelt ist Geröll zu sehen. Wir kommen an die letzte Drahtseilsicherung; danach verläuft der Pfad schräg hinüber zur Hütte. Wir überqueren eine **Hochalm** (5.30 Std.) und gehen dann hoch zum **Kocbekov dom** (5.45 Std.).

Die Hütte liegt schön am Rand eines großen Talkessels mit wiesenbestandenen Hängen auf 1808 m. Die blauen Köpfchen des Enzians und die lila Büschel von Zois-Glockenblumen kann man im Sommer hier sehen.

Wir nehmen nun den Pfad, der rechts, im rechten Winkel zu unserem Aufstieg, nach Süden hoch zum Sattel **Prag** (6 Std.) führt. Eigentlich sind es zwei Sättel von fast gleicher Höhe, die hintereinander liegen. Am zweiten Sattel geht es in einer Felsrinne bergab. Man sollte hier genau auf die Markierungen achten und sich eher nach rechts denn nach links orientieren. Findet man die rot-weißen Wegzeichen nicht mehr, hält man nach den zwischen den Latschenkiefern gut sichtbaren Stangen Ausschau, die im Winter als Markierung dienen.

Nun befinden wir uns im Hochkarst, schlängeln uns auf unserem Pfad über Fels und können im Kleinen immer wieder die typischen Erosionsformen im Triaskalkgestein begutachten. Eigenwillig sehen die Karren aus, die offensichtlich nicht durch geradlinig abfließendes, sondern sich windendes Wasser in den Fels gefräst wurden und ihn nun mit Schnörkeln und Schleifen schmücken.

Nach einer halben Stunde Wanderung auf mehr oder weniger gleich bleibender Höhe schauen wir an der letzten Markierungsstange hinunter ins Tal. Nun geht es an einem steilen Abhang entlang durch die Latschenkiefern bergab. Wir kommen zum

Vor dem Dom v Kamniški Bistrici

Sattel Presedljaj und am **Abzweig** (7 Std.) vorbei, an dem es in 3 Stunden zur Velika planina ginge. Hier entscheiden wir uns für den Weg nach Kamniška Bistrica rechts in die Bäume hinein und gehen auf schmalem Pfad weiter ins Tal. An einem Bächlein geraten wir in den Wald hinein, folgen dann einem ausgetrockneten Bachbett, verlassen es wieder, kommen auf einen Bergrücken und schließlich zu einem Drahtseil und einigen Eisenstiften, die als Abstiegshilfe dienen. Darauf folgt ein Schrägweg, der uns gleich zu einem Aussichtspunkt mit Tisch und Bank bringt. Nun folgen wir dem durch einen Sturm in Mitleidenschaft gezogenen Weg im Wald in Serpentinen bergab oder kürzen zwischen ihnen auf direktem Abstieg ab. Etwa 15 Minuten nach dem Ausblick achte man darauf, den Waldhang nach links heraus zu verlassen. Schließlich gelangen wir an das Ufer eines ausgetrockneten Wildbaches, dem wir nun auf einem Forstwirtschaftsweg folgen, bis wir eine **Asphaltstraße** (8.30 Std.) erreichen, uns nach rechts wenden und nach einer Weile am Parkplatz vom **Dom v Kamniški Bistrici** (9 Std.) ankommen.

Aussichtsreicher Gipfel

Hinauf zum höchsten Berg der Steiner Alpen

Der Grintovec bietet eine der wenigen Chancen in Slowenien, technisch problemlos die Welt auf über 2500 m zu erleben. Von seiner Spitze aus hat man die slowenische und teilweise österreichische Bergwelt vor Augen.

DIE WANDERUNG IN KÜRZE

++
Anspruch

8.30 Std.
Gehzeit

2000 m
An-/Abstieg

Charakter: Technisch einfacher, aber sehr langer und steiler Anstieg. Der Rückweg erfolgt auf gleicher Strecke.

Wanderkarten: Izletniška karta Zgornja Savinjska dolina, 1:50 000, Kamniško-Savinjske Alpe, 1:50 000

Einkehrmöglichkeiten: Dom v Kamniški Bistrici

(April bis Oktober täglich geöffnet), Cojzova koča na Kokrskem sedlu (Juni bis Oktober täglich geöffnet)

Anfahrt: Mit dem Pkw von Kamnik zum Parkplatz an der Hütte Kamniški Bistrici. **Mit dem Bus** mindestens zweimal täglich von Kamnik nach Kamniška Bistrica und zurück

---

Wir beginnen unsere Wanderung an der Hütte **Dom v Kamniški Bistrici**, lassen sie links liegen und gehen das Asphaltsträßchen weiter hinein ins Tal. Es wird umgehend zur Schotterstraße und sofort passieren wir ein Schild, das rechts hoch zum Kamniško sedlo und geradeaus zum Kokrsko sedlo, unserem heutigen Ziel, weist. Der Forstwirtschaftsweg gabelt sich mehrfach, wir orientieren uns aber immer bergauf und bald

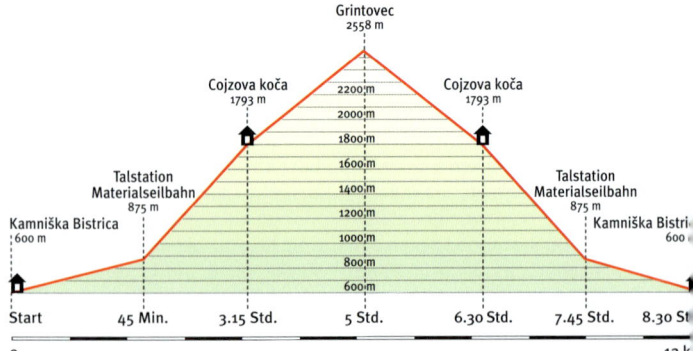

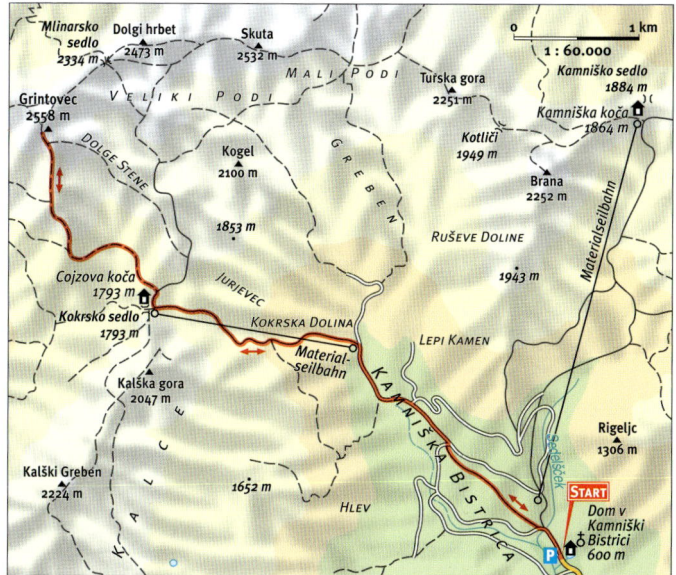

wird der Weg zum Pfad, der durch Mischwald mit vielen Rotbuchen führt. Dort, wo die Forstwirtschaft zu Gange war, stehen aber auch Fichten, mit denen schnell aufgeforstet werden konnte und deren Holz nützlicher war. Die Steigung ist gering, teilweise gewinnen wir keinerlei Höhe. Wir treffen auf die Kurve eines Fahrweges, auf den wir geradeaus treten und hochgehen. Nach guten 5 Minuten gehen wir an einer Gabelung nochmals geradeaus und folgen dem Lauf eines ausgetrockneten Bachbettes, das wir kurz darauf überqueren. Schnell stoßen wir auf die **Talstation der Materialseilbahn** (45 Min.), die die Hütte am Kokrsko sedlo versorgt.

Hinter dem Gebäude biegen wir nun links auf den bergauf führenden Waldpfad ein. Eine Weile geht es mäßig steil durch den Laubwald bergauf, teilweise in Serpentinen und über einen mit Karstgestein ge-

sprenkelten Hang. Ein 20 m langer ›Handlauf‹ aus einem Drahtseil hilft uns beim Aufstieg über eine Felsstufe und kurz darauf kann sich der müde Wanderer auf einer Bank ausruhen. Schließlich kommen wir unterhalb einer Felswand aus dem Wald heraus und sehen vor uns eine Scharte, auf die wir zugehen. Wir kommen nun in die Welt der Legföhren und Lärchen und wandern über ein Geröllfeld in einer breiten Rinne zur rechten Felswand hinüber, der wir einige Minuten folgen, um dann wieder in der Mitte des Geröllfeldes aufzusteigen. Die Masten der Seilbahn vor Augen wandern wir auf diese zu, erst noch einmal in sehr steilem Gelände und auf rutschigem Geröll, dann die letzten Höhenmeter einfacher in Serpentinen. Am Sattel schließlich angekommen, sehen wir ganz unvermittelt die Hütte **Cojzova koča** (3.15 Std.), nur ein paar Meter vom Hang entfernt.

Diese im Rücken wandern wir auf dem an der Hütte beginnenden Weg Richtung Norden und Grintovec, der nicht weit entfernt mit seinen Felsmassen den Sattel dominiert. Erst geht es über Wiesen, deren Schwarzerde die Felsbrocken etwas rutschig macht. Ein Schild weist uns an einer Weggabelung nach links und nach einer Weile gelangen wir zu einer idyllischen Almwiese in einem Felshalbrund. Hatten wir erst den Eindruck, dass es hoch zu einem Grat und dann auf diesem zum Gipfel ginge, sehen wir nun, dass wir direkt zur Südflanke des Berges marschiert sind, um an dieser aufzusteigen. Wir kommen nochmals an eine Kreuzung und nehmen den rechten Weg unterhalb eines markanten Felsrückens und zu diesem hochführend. Durch Geröll, steil und direkt, teilweise in Serpentinen, kommen wir dem Rücken näher und umrunden ihn. Nun verlassen wir das Geröll, gehen auf dem gewachsenen Fels weiter in Serpen-

tinen bergauf und machen uns langsam an die Ersteigung des **Grintovec** (5. Std.).

Wie es sich für den höchsten Berg eines Alpenzuges gehört, ist die Aussicht natürlich fantastisch. Im Westen stehen als höchste Gipfel die Hochalmspitze und der Großglockner in Österreich, der Triglav und die julischen Gipfel Kanjavec und Krn, im Süden kann man das Nanos-Gebirge mit der Pleša erspähen, im Osten die Rogla des Pohorje und natürlich die

Peca, im Norden schließlich stehen Obir und Hochgolling.

Dem versierten Bergsteiger stehen vom Grintovec die Übergänge zur Jezerska Kočna und zur Skuta (und weiter ins Tal Logarska dolina) offen, alles anspruchsvollere Klettersteige, die einiges an Erfahrung erfordern. Deshalb nehmen wir unsere eigenen Fußstapfen als Wegweiser für die Rückkehr, vorbei an der **Cojzova koča** (6.30 Std.) und bis hinunter zu unserem **Ausgangspunkt** (8.30 Std.).

Pflege der Wege

Auch einfachere Wege im Hochgebirge sind dem Willen der Elemente ausgesetzt. So kann ein Bergrutsch einen Steig verschütten, eine Windhose durch den Wald fahren und die markierten Bäume entwurzeln, ein ausgetrocknetes Bachbett anschwellen und die Stämme mitreißen, die zu seiner Überbrückung gedacht waren.

Die Pflege der Wege und Markierungen obliegt den einzelnen Alpenvereinen, deren Arbeit ehrenamtlich geschieht. Da die Slowenen ein bergbegeistertes Volk sind, gibt es üblicherweise keine Probleme, und auch der Nachwuchs der Vereine ist zahlreich und engagiert. So sind die Pfade meist hervorragend unterhalten. Dennoch kann es passieren, dass einmal ein Weg verlegt ist, ein Weiterkommen nicht möglich. Um dem vorzubeugen, ist es nicht falsch, bei den Touristeninformationen nach dem aktuellen Zustand der Steige zu fragen. Gerne nehmen diese auch Kontakt zu den jeweiligen Alpenvereinen auf.

*Blick vom Kamniker Burgberg
auf die Steiner Alpen*

Köhler und Quellen

Durchs Logar-Tal zum Rinka-Wasserfall

Der abwechslungsreiche Wanderweg durchs bewaldete Logar-Tal ist ein Naturlehrpfad, auf dem man allerlei Wissen über Flora, Fauna und Geologie sammeln kann, das gleich durch phänomenale Aussichten auf die slowenische Landschaft gefestigt wird.

DIE WANDERUNG IN KÜRZE

+

Anspruch

5.30 Std.

Gehzeit

389 m

Anstieg

Charakter: Leichte Talwanderung auf bequemen Waldwegen

Wanderkarte: Kamniško-Savinjske Alpe, 1:50 000

Einkehrmöglichkeiten: Mehrere Berghütten und private Pensionen auf dem Weg. Empfehlenswert ist die Pension Logar nach etwa zwei Dritteln des Weges und am Ende der Wanderung die Hütte Orlovo gnezdo oberhalb des Rinka-Falls.

Anfahrt: Mit dem Pkw von Solčava 5 km in Richtung

Logarska dolina fahren, dann rechts abbiegen und ab der Mautstation noch 1,5 km bis zum Parkplatz nahe dem Bauernhof Javornik fahren. Von Mai bis Oktober verkehrt täglich **ein Bus** am späten Vormittag ins Tal hinein bis zum Hotel Plesnik.

Hinweise: Der Bus fährt täglich nur ein Mal und sofort wieder zurück. Bei Anfahrt mit dem Bus muss demnach eine Übernachtung mit eingerechnet werden.

Zum Ausgangspunkt des **Naturlehrpfades** folgen wir der Markierung zunächst ein Stückchen talauswärts bis zur Črna-Quelle. Das Hinweisschild zum Naturlehrpfad durch die Logarska dolina finden wir an der Brücke über die Savinja etwa 1 km nach dem

Taleingang. Der Weg führt über eine feuchte Wiese auf die Quelle der Črna zu, deren Quellteich ruhig zwischen Moosen schimmert. Eine Brücke bringt uns hinüber und in den Mischwald hinein, zum ersten grandiosen **Aussichtspunkt** (15 Min.):

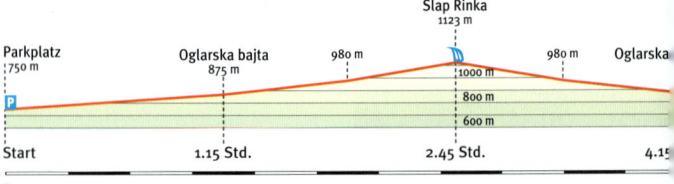

Parkplatz 750 m	Oglarska bajta 875 m	980 m	Slap Rinka 1123 m	980 m	Oglarska

Start · 1.15 Std. · 2.45 Std. · 4.15

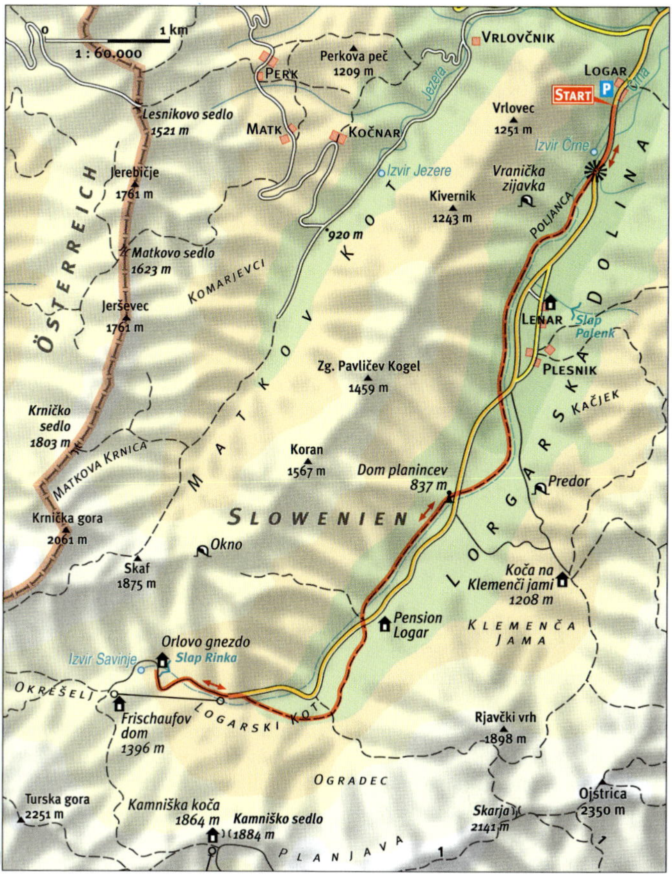

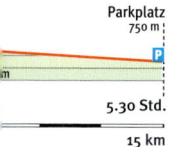

Über eine sattgrüne Wiese sehen wir auf die nahezu senkrecht aus dem Tal emporwachsenden Felsriesen der Ojstrica, Škarje, Planjava und des Steiner Sattels, Kamniško Sedlo.

Wir wandern weiter den Pfad entlang und treffen im Wald auf eine nachgebaute Holzfällerhütte; neben ihr befindet sich eine aus Stämmen gebaute Holzrutsche, auf der man früher das im Wald geschlagene Holz talwärts beförderte. Die beiden übermannsgroßen und mit Moos bewachsenen Kalksteinbrocken hinter der Hütte beeindrucken allerdings mehr als die Errungenschaften der Menschen, die den Wald auch in diesem Tal stark abgeholzt haben. Dem Thema Wiederaufforstung und Wald-

93

pflege widmet sich der nächste Abschnitt des Lehrpfades. Hier wird erklärt, dass Mischwald mit hohem Buchenanteil die ursprüngliche Vegetation darstellte, der Anteil von Laubbäumen zugunsten eigens angepflanzter Nadelbäume aber ständig zurückgegangen sei. Heute versucht man, diese Schäden wieder rückgängig zu machen.

Der Weg folgt dem trotz aller Eingriffe erstaunlich dichten Wald, nähert sich gelegentlich dem trockenen Bett der Savinja und überquert es auf einer Brücke. Eine Schautafel erläutert unterwegs die Vogelwelt des Logar-Tales und stellt Meisen und Spechte vor; doch ausgerechnet hier lässt sich kein gefiederter Sänger blicken. Weiter der Savinja taleinwärts folgend, sehen wir nun auch die Straße jenseits des Bachbettes, die hier parallel zum Wanderweg durchs Tal führt. Hier werden wir mit dem Wild des Tales bekannt gemacht, doch Futterkrippe und Unterstand sind jetzt im Sommer natürlich leer.

Von hier wendet sich der Weg, der bislang am rechten Talrand entlanglief, der Mitte zu und überquert die Asphaltstraße, um sich dann wieder von ihr zu entfernen. Markiert ist der Weg mit dem Schild »Pešpot do Rinke«, was »Fußweg zur Rinka« bedeutet und damit auch das Ziel unserer Wanderung markiert, wenngleich das Verschwinden der grünen Hinweise auf dem Naturlehrpfad zunächst verwirren mag. Ein Stück auf breitem Kiesweg, dann erneut auf Waldpfad, der sich nun zur linken Talseite orientiert, laufen wir durch Wald und an einer Lichtung mit Jägerstand vorbei erneut zur Straße, überqueren sie (Richtung Pešpot do Rinke) und erreichen die Hütte **Oglarska bajta** (1.15 Std.). Das Köhlerhandwerk wird

hier erläutert, das in den waldreichen Gebieten bis in die jüngste Zeit betrieben wurde. Der Kohlenmeiler vor dem Holzhaus ist anschaulich im Querschnitt aufgebaut; Torf-Erde, Binsen und Äste umhüllten das Holz, das sich darin in Kohle verwandelte. Ein Brunnen spendet frisches Wasser, das der durstige Wanderer ohne Bedenken trinken kann.

Das Bett der Savinja hat inzwischen ansehnlich an Breite gewonnen, gemauerte Stufen regulieren ihren Lauf und unser Weg überwindet oder umgeht sie im Bogen durch den Wald. Silberdisteln schmücken den Wiesenboden und ganze Armeen von Zitronenfaltern tanzen über den Blüten. Vor uns wird das Tal immer schmaler, im Talschluss sehen wir die weiß-grauen Kalkwände von Okrešelj und Kamniško sedlo wie eine unüberwindbare Festung. Hier werden wir über die Waldnutzung informiert, doch ist die Natur so imposant, dass für Wissbegierde nicht mehr allzu viel Raum bleibt. Auch die nächste Tafel, die über die geologische Zusammensetzung des Gesteins und über Sedimentablagerungen aufklärt, bleibt weitgehend abstrakt. Der Weg überquert hier das Savinja-Bett und danach die Straße und folgt nun einem neuartigen Hinweisschild nach »Logarski kot« auf ein dunkles Holzhaus zu, das sich nach 10 Minuten als zauberhafte Pension und Gaststätte Logar entpuppt, die wir uns für die Mittagsrast auf dem Rückweg vormerken.

Der Weg biegt vor dem Haus nach rechts ab; über ein Holzgatter kletternd kommt man wieder in der dunklen Schatten des Waldes und in einem Bogen nach links auf eine Wiese mit Spitzenpanorama: Lehrpfad-Schild 12 nennt die Namen der Berge, die wie eine senkrechte Wand

Anschaulich erklärt der Lehrpfad die Natur des Logar-Tals und ihre Nutzung durch den Menschen: hier am Beispiel eines Holzkohlenmeilers.

aus der Wiese auf über 2000 m Höhe wachsen, im unteren Teil von Bäumen verkleidet, darüber dann nackt und weiß. Und zwischen den hohen Gipfeln sieht man den Sattel des Kamniško sedlo, einer der Übergänge zum Tal der Kamniška Bistrica hinter der Barriere.

Ein weiteres Gatter auf der anderen Wiesenseite bringt uns auf einen breiten Kiesweg in den Wald. Erneut geht es über die Straße, die Fortsetzung des Weges liegt diesmal nicht direkt gegenüber, sondern ca. 100 m links. Ganz leicht, aber beständig ist die Steigung. Erneut dürfen wir uns über ein unvergessliches **Panorama** (2.15 Std.) freuen: Vor uns und jenseits des Flussbettes stehen Mala und Štajerska Rinka, links der Kamniško sedlo und rechts die Mrzla gora. Und etwas unterhalb in der rechten Hälfte des Tableaus zischt der Rinka-Wasserfall als weißer Strahl zu Tal.

Bequem führt uns der Weg auf dem letzten Teilstück durch den Wald, dann sehen wir jenseits des hier inzwischen richtig breiten und mit riesigen Felsblöcken übersäten Flussbettes den Parkplatz, an dem die Logar-Tal-Straße endet. Ein Kiosk verkauft Erfrischungen, unter anderem köstliche Sauermilch (kislo mleko). Doch zunächst locken die letzten Meter zum Wasserfall, dessen Rauschen bereits zu hören ist. Dem Kiosk gegenüber führen ein paar Treppenstufen zum Beginn zweier Wege, beide zum Berg Okrešelj weisend. Unser Weg ist der linke. In Serpentinen klettert er durch den Wald die letzten 100 m hinauf und endet zu Füßen des 90 m hohen **Falls** (2.45 Std.). Wer Lust hat, eine Erfrischung mit optimaler Aussicht zu krönen, kann über die Holzstiegen hinauf ins Lokal ›Orlovo gnezdo‹ gehen, das seinem Namen ›Adlernest‹ hoch in den Felsen alle Ehre macht.

Auf gleichem Weg treten wir den Rückweg an: Vorbei an der **Pension Logar** (3.45 Std.), wo die beste Pilzsuppe (gobova juha) weit und breit lockt, geht es zurück zu unserem **Ausgangspunkt** (5.30 Std.) im Logar-Tal.

In die Steinzeit

Zur Höhle Potočka zijalka am Fuß des Olševa

Vor knapp 40 000 Jahren suchten in der Höhle Potočka zijalka erstmals Jäger der Jungsteinzeit Schutz vor den Unbilden der Elemente und hinterließen neben den Resten der Jagd eine Menge an Werkzeugen – wichtige Zeugnisse für Archäologen und Urgeschichtler.

DIE WANDERUNG IN KÜRZE

+
Anspruch

4 Std.
Gehzeit

1000 m
An-/Abstieg

Charakter: Einfache Wanderung, größtenteils durch Wald

Wanderkarten:
Izletniška karta Zgornja Savinjska dolina, 1:50 000, Kamniško-Savinjske Alpe, 1:50 000

Einkehrmöglichkeiten:
Gostilna Firšt (ganzjährig), Kmetija turistična Rogar (ganzjährig, Übernachtungsmöglichkeit)

Anfahrt: Mit dem Pkw von Solčava 2 km Richtung Talschluss des Logarska dolina, beim Gasthof Firšt den Parkplatz benutzen. Von Mai bis Oktober verkehrt täglich **ein Bus** am späten Vormittag ins Tal hinein und passiert dabei den Gasthof Firšt.

Hinweise: Der Bus fährt täglich nur ein Mal und sofort wieder zurück. Bei Anfahrt mit dem Bus muss demnach eine Übernachtung mit eingerechnet werden.

Bevor wir unsere Wanderung beginnen, bitten wir in der Gostilna Firšt, das im Untergeschoss befindliche Museum zu öffnen. Hier werden wir auf die Welt unserer steinzeitlichen Vorfahren eingestimmt und erfahren allerlei über die Ausgrabungsarbeiten in der Höhle.

Anschließend nehmen wir vom Parkplatz aus den **Wirtschaftsweg** linksseitig des Wildbaches bergauf. Wir folgen gute 5 Minuten lang dem

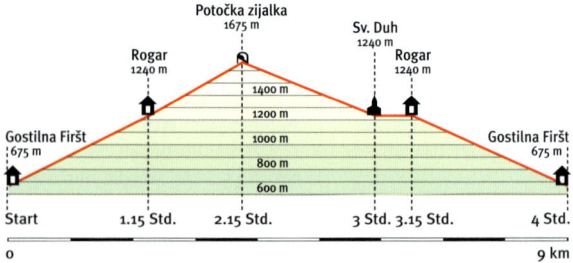

Potočka zijalka
1675 m

Sv. Duh
1240 m

Rogar
1240 m

Rogar
1240 m

1400 m
1200 m
1000 m
800 m
600 m

Gostilna Firšt
675 m

Gostilna Firšt
675 m

Start   1.15 Std.   2.15 Std.   3 Std. 3.15 Std.   4 Std.

0   9 km

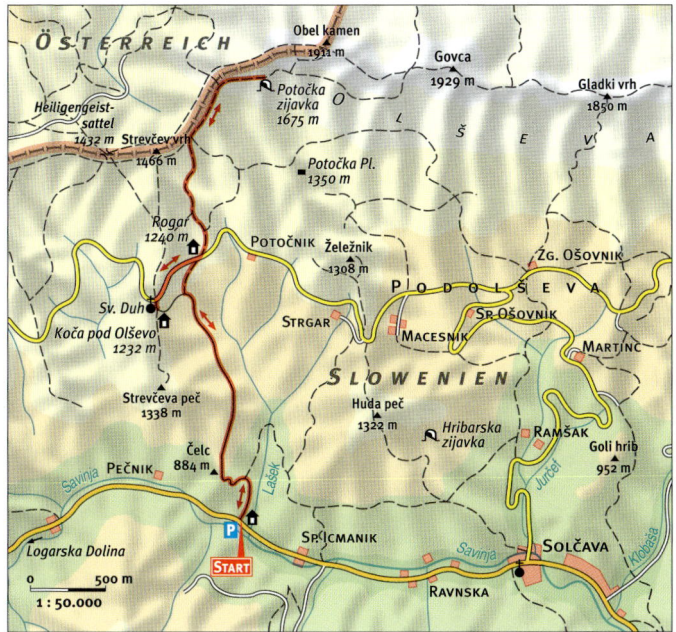

Bach mit dem Namen Lašek, verlassen ihn dann und wandern in Serpentinen relativ steil bergauf. An einer Gabelung halten wir uns links Richtung Sv. Duh (rote Schrift an einer Felswand) und wählen an der nächsten Gabelung den Weg entlang der Masten einen Hügelrücken hinauf. Wir erreichen eine Hochalm mit Wirtschaftsgebäuden und gehen hier durch ein Gatter, das wir wieder hinter uns verschließen. Bald weist ein Schild nach links zur Kirche Sv. Duh, wir gehen geradeaus und über die Almwiesen der Streusiedlung, die wir oben sehen.

Oberhalb der Wiesen kommen wir an eine Kreuzung. Entlang der hier parallel zum Tal verlaufenden Panoramastraße sind viele Höfe zu finden, die zu den höchstgelegenen Siedlungen des ganzen Landes zählen. Wir überqueren die Panorama-

straße und gehen 50 m rechts bergauf zum **Hof Rogar** (1.15 Std.), der landestypische Mahlzeiten, Unterkunft oder auch nur ein kühles Getränk nach dem Aufstieg anbietet. Wir marschieren mitten über den Hof und unter den Wirtschaftsgebäuden hindurch zum gegenüberliegenden steilen Wirtschaftsweg. Nach einem kurzen, steilen Abschnitt wird er flacher. An der nächsten Gabelung gehen wir links und betreten unmittelbar danach den Waldpfad, der parallel zum Fahrweg verläuft und schließlich auf diesen zurückführt. An einer keuzenden Schotterstraße verlassen wir den Forstweg auf einem Pfad, kehren erneut auf ihn zurück, nur um später den links abzweigenden Waldsteig zu nehmen und kurz darauf einen weiteren Steig zu betreten. Nun geht es in engen Serpentinen, geröllig und über Fels

Die bedeutenden steinzeitlichen Funde in der Höhle Potočka zijalka bewiesen die Besie...

bergauf und bald genießen wir den Blick über das Tal mit dem Talschluss und seinen steil und unwirtlich aufragenden Felswänden: die Gipfel Ojstrica, Planjava, Turska gora, Škuta und Mrzla gora der zentralen Steiner Alpen.

Einige Minuten später stehen wir an einem Schild mit der Aufschrift »Mejni prhod«, Grenzübergang, an einer Gabelung. Einen Schritt weiter und wir stünden auf österreichischem Boden. Wir aber wenden uns nach rechts und hinauf zur **Höhle** (2.15 Std.), deren großer Eingang uns beeindruckt. Zwischen 20 und

40 m breit ist die Höhle auch im Inneren und 110 m lang. Jagdlager war sie und ihre sporadischen Bewohner aus der Steinzeit haben eine Unmenge an Tierknochen zurückgelassen – darunter eine ganze Reihe an Skeletten der einst in der Umgebung lebenden Höhlenbären. Die gefundenen Artefakte reichten von Speer- und Bogenspitzen aus Knochen über Messer und Schaber aus Stein bis zu einer Knochennadel, die den Faden nicht in einer Öse aufnimmt, sondern in ihr hohles Innere. Das Klima der Höhle ist wenig behaglich, tropft es doch von ihrer Decke.

Gegend während der Würmeiszeit.

allerdings ist in ihm auf dem Triumphbogen ein Relief der Hl. Dreifaltigkeit von 1425 zu sehen.

Wir gehen wieder zurück, geben den Schlüssel ab und folgen dem Schild »Gostilna Firšt« auf dem gleichen Weg, auf dem wir angestiegen sind, hinunter zum **Parkplatz** (4 Std.).

Die Eiszeit

Die Potočka zijalka jama unterhalb des Bergs Olševa wurde durch ihre bedeutenden, jungpaläolithischen Funde europaweit berühmt. Bis zu den Ausgrabungen nahm man weithin an, dass die einsetzende Eiszeit alles Leben in den Alpen unmöglich gemacht hätte. Eine Besiedelung dieser Höhen war maßgeblichen wissenschaftlichen Stimmen zufolge nur in der Zwischeneiszeit möglich, aus der bislang lediglich die primitive Kultur des Mousteriens bekannt war. Doch dafür waren die hier gefundenen Artefakte bereits zu weit entwickelt. Eine Datierung auf einen späteren Zeitraum war aber ebenfalls nicht möglich, da es zu dieser Zeit in der Region keine Höhlenbären mehr gab. (Knochen von Höhlenbären, die bei den Ausgrabungen zwischen 1928 und 1935 entdeckt wurden, datierte die C-14-Methode auf 35 000 Jahre v. Chr.) Heute nimmt man an, dass es auch während der Würmeiszeit wärmere Perioden gab, in denen die Waldgrenze anstieg und ein Leben in der Höhle ermöglichte. Die gefundenen Artefakte sowie der Berg Olševa wurden namensgebend für die »Olschewa-Kultur«.

Neben den steinzeitlichen Funden wurden auch Überreste der frühen Eisenzeit sowie aus römischer Zeit entdeckt.

Wir nehmen nun den gleichen Weg hinunter und kommen zurück zum **Bauernhof Rogar** (3 Std.) und zur darunter liegenden Kreuzung. An der Kreuzung gehen wir zu der Häusergruppe und holen uns in der Nummer 25 den Schlüssel zur Kapelle von Sv. Duh. Auf gleich bleibender Höhe der Panoramastraße folgend, gehen wir zum **Kirchlein** (3 Std.) hinüber. Die Kirche von Sv. Duh wurde zum slowenischen Kulturdenkmal erklärt. Sie steht auf 1240 m Höhe und geht auf das Jahr 1631 zurück. Doch aus dieser Zeit stammt nur noch der Glockenturm, das Schiff entstand 1891;

Die östlichen Karawanken

Auf den Gruberjev vrh

Auf unanstrengenden Steigen gehen wir durch die schattigen Wälder südlich von Dravogard auf den Gruberjev vrh – auch Selovec genannt. Die Flanken des östlichsten Karawankengipfels werden auch heute noch intensiv zur Landwirtschaft genutzt.

DIE WANDERUNG IN KÜRZE

+ Anspruch	**Charakter:** Leichte Wanderung auf guten Wegen durch schattige Wälder	3,3 km nach Süden Richtung Velenje fahren, nach Šentjanz rechts abbiegen und hinter der Kirche nochmals rechts. An der nächstmöglichen Abfahrt links fahren und nach Beginn der Staubstraße 1,5 km rechts den Berg hoch bis zum Parkplatz an der Kreuzung. Der Weg ist auch **zu Fuß** zu bewältigen.
2.30 Std. Gehzeit	**Wanderkarte:** Koroška, 1:50 000	
	Einkehrmöglichkeiten: Unterwegs keine Einkehrmöglichkeiten; in Šentjanz ein Gasthaus	
350 m An-/Abstieg	**Anfahrt:** Mit dem Pkw vom Bahnhof von Dravograd	

Die Wanderung startet am **Parkplatz** auf 570 m Höhe. Wir folgen dem Pfad zunächst ein Stück bergab und lassen den Lift des Nordhangs links liegen. Nun geht es bergauf, bald in den Wald hinein und an der nächsten Kehre auf den schmalen Weg schräg in den Mischwald hinauf. Auch an der nächsten Weggabelung gehen wir bergauf, bis wir bei einem **Bauernhof** (30 Min.) aus dem Wald heraustreten. Hier können wir eine erste Pause einlegen und die Fernsicht über das Tal genießen. Gegenüber blinken die Doppeltürme von Sv. Peter, im Norden grüßt Sv. Criž und das Städtchen Dravograd.

Wir folgen hier nicht dem Schild ›Gruberjev vrh‹, das in den Wald hinein zum Gipfel weist, sondern bleiben auf dem Wirtschaftsweg, der an der Flanke des Berges auf gleich bleibender Höhe verläuft. Er führt etwa in die gleiche Richtung wie die Eisenbahnlinie tief unten im Tal des Flüsschens Meža. Dieses erholt sich nur mühsam von den Schäden, welche die Bleiseparationswerke flussaufwärts dem Wasser bis 1991 angetan haben. Es war tot, doch langsam kehren die Mikroorganismen zurück und vereinzelt lassen sich schon wieder Fische blicken. In der Ferne talaufwärts sehen wir den Gipfel der Peca.

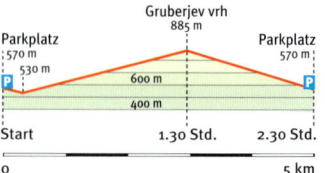

Vor einer Kate nehmen wir den Waldweg bergauf, erreichen einen baumbestandenen Grat und treffen wieder auf den markierten Weg zum Gipfel, den wir vorher verlassen haben. Bald weist uns ein Schild an einer Gabelung zum Tajhter See und zum **Gruberjev vrh** (1.30 Std.). Oben erwarten uns mehrere Picknicktische im Schatten hoher Bäume. Der Berg ist, so die Geologen, die letzte Erhebung der Karawanken im Osten. Er ist wie diese in Ost-Westrichtung ausgerichtet und besteht aus den gleichen Kalkstein-Formationen. Die Karawanken zeigen im nördlichen, zu Österreich gehörenden Teil, recht steile, kühne Wände, fallen aber gen Süden und Slowenien sanfter ab. Bis tausend Meter Höhe steht dichter Nadelwald und auch die Almwiesen werden hier noch in den Höhen genutzt.

Dem Weg weiter folgend, gehen wir an einer Kreuzung Richtung Zaberčnik auf einem tief ausgefurchten Pfad den Berg hinunter. Pferde haben hier über Jahrhunderte Baumstämme zu Tal geschleppt und nicht wenig Erde mitgenommen.

In einer Kehre erreichen wir einen Hof: Unterhalb des gemauerten Troges für den Kuhmist suchen wir den schmalen, am Beginn zugewachsenen und fast nicht zu erkennenden Pfad zwischen Pferdekoppeln hindurch. Nach etwa 5 Minuten biegen wir an einer Gabelung in den rechten Pfad ein, der sich bald zum Hohlweg vertieft und an einem Wirtschaftsweg endet. Hier wenden wir uns nach rechts und gelangen zu unserem **Parkplatz** (2.30 Std.).

Das Tal von Dravograd

Wehrhafte Kirchen im Gebirge

Von Dravograd zur österreichischen Grenze

Auf guten Wegen geht es von Dravograd hinauf zum Košenjak – dem Hühnerkogel – und entlang der österreichischen Grenze, vorbei an kleinen Kirchen, die einst die Gebirgsregionen bei feindlichen Überfällen warnen sollten.

DIE WANDERUNG IN KÜRZE

++ Anspruch	**Charakter:** Einfache, aber lange Wanderung auf guten, schattigen Wegen
	Wanderkarte: Koroška, 1:50 000
7.30 Std. Gehzeit	**Einkehrmöglichkeiten:** Dom na Košenjaku und Gasthäuser in Dravograd
1300 m An-/Abstieg	**Anfahrt:** Dravograd liegt an der Hauptstrecke zwischen Graz und Celje. **Mit dem Zug** ist die Stadt von Klagenfurt und Maribor

gut erreichbar, vom Bahnhof sind es nur 1000 m zum Zentrum, wo die Wanderung beginnt. Etwas westlich des Zentrums kann bei einem modernen Einkaufszentrum das **Auto** geparkt werden.

Variante: Die Wanderung lässt sich abkürzen, indem man mit dem Pkw auf Geröllwegen bis zur Hütte Dom na Košenjaku fährt und dort startet.

Wir verlassen im **Zentrum von Dravograd** die Hauptstraße zwischen dem kleinen Supermarkt und dem Minikasino an dem Straßenschild »Pod Gradom« und kommen zu einer Gabelung, an der wir uns an einem Baum links hoch zum Gipfel wenden.

Am letzten Haus des Ortes endet der Asphalt und nach 20 m weist rechts ein Schildchen an einem Obstbaum nach links in den Wald hinein. Haben wir diesen passiert, gehen wir auf einem Forstweg an den Ruinen der Burg von Dravograd vorbei. Im 12. Jh. wurde die Burg errichtet und

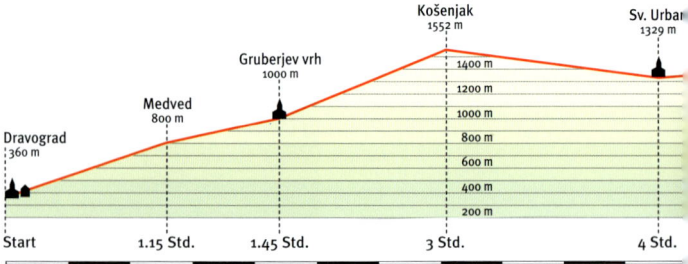

bis zum 19. Jh. bewirtschaftet – dann aber verfiel sie rapide. Nach etwa 25 Minuten nehmen wir an einer Kehre den Steig links in den Wald hinein, kommen auf einen Wirtschaftsweg, passieren sogleich einen Hof und gehen 200 m dahinter an der Scheune über die Wiese bergauf. An einem Telefonmast befindet sich zur Orientierung eine Markierung. Oberhalb dieses Funkmastes verschwinden wir nun endgültig im Wald, halten uns nach 5 Minuten an einer Weggabelung links, überqueren einen Waldweg und treten schließlich nach einem direkten und relativ steilen Anstieg wieder aus dem Wald heraus. Wir sind hier auf der **Alm von Medved** (1.15 Std.) und blicken über Lavamünd und die Steiner und Sanntaler Alpen. Die Alm ist einer der Orte, an dem man im Frühjahr und Sommer noch den Enzian blühen sieht.

Wir gehen nun bergan über die Wiese in Richtung des Hauses am oberen Waldrand. An der nächsten Gabelung halten wir uns links, treffen auf einen Fahrweg, dem wir bergauf folgen, und gehen schließlich an einer Kreuzung geradeaus in den Wald hinein. So gelangen wir zur **Alm der »Trije križi – Drei Kreuze«** (1.45 Std.) mit einer alten Linde und einer neu gebauten Kapelle. Einst hatten die Kirchen im Gebirge eine wichtige Wehrfunktion. Ihre Standorte wurden so ausgesucht, dass sie optischen Kontakt halten konnten und sich gegenseitig bei feindlichen Überfällen Warnungen übermitteln konnten. Auch die Nähe einer Linde und einer Kapelle ist kein Zufall: Linden gelten als magische Bäume in Slowenien, und wo früher slawischen Göttern gehuldigt wurde, entstand später ein Haus für die christliche Gottheit.

Der Weg geht weiter geradeaus, immer am Grat entlang. Oberhalb der Almwiese gabelt sich der Wirtschaftsweg, wir nehmen die goldene Mitte, den Steig in den Wald hinein und kommen zu dem alten, wunderschönen Hof Lorbeer, heute ein Wochenendhaus mit einem akkurat gepflanzten Blumengarten, dessen englischen Rasen wir überschreiten. Nach 20 m wählen wir den rechten Weg, biegen aber gleich wieder nach links ab. Wir bleiben auf dem Grat, zwei querende Wege ignorierend, bis wir den **Gipfel** (3 Std.) erreichen. Auf 1522 m Höhe stehen wir nun direkt an der österreichischen Grenze, worauf uns ein Stein aufmerksam macht: »St. Germain, 10. Sept. 1919«. An diesem Tag wurde im französischen Saint Germain der Friedensvertrag zwischen den Siegermächten des Ersten Weltkriegs und Österreich unterzeichnet, der unter anderem auch den Grenzverlauf zwischen der

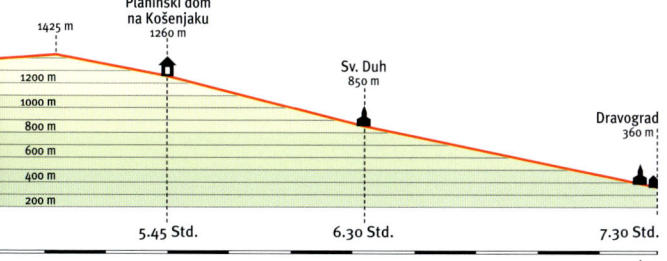

Republik Österreich und dem Königreich der Serben, Kroaten und Slowenen regelte.

Bei Gewittern sollte man den Gipfel übrigens möglichst schnell verlassen. Der Košenjak steht in der Blitzeinschlagsstatistik Sloweniens an zweiter Stelle, wohl, weil er aus viel älterem Gestein besteht als die Nachbarberge. Als Tourist darf man übrigens die Grenze auf den markierten Pfaden des slowenisch-österreichischen Freundschaftswegs überschreiten. Die Markierung ist ein grüner Ring um einen roten Kreis mit weißem Zentrum.

Wir gehen nun wenige Minuten ins Nachbarland hinein und alsbald öffnet sich der Blick auf den Speikogel. Zur Grenze zurückgekehrt, folgen wir dieser nach Osten den Grat und die feinsäuberlich durchnummerierten Grenzsteine entlang. Der Pfad verläuft in einer breiten Schneise, die dicht mit Himbeer- und Blaubeersträuchern bewachsen ist. Nach einiger Zeit erreichen wir eine Lichtung, die den Blick auf einen Stausee auf österreichischer Seite freigibt. In seiner ganzen Ausdehnung ist er allerdings nicht zu sehen. Er fasst 2 Millionen Kubikmeter und sein Wasser treibt Turbinen an, bevor es bei Lavamünd in die Drava/Drau fließt. Wir sind nun etwas abgestiegen und kommen an eine idyllische Felspassage mit überwachsenen Granitblöcken. Binnen kurzem kündigt sich mit einem mannshohen Farnwald die Kirche **Sv. Urban** (4 Std.) an. In der einfach ausgestatteten barocken Kirche sind zwei Heilige aus Holz zu finden, die die jugoslawisch-sozialistische Epoche bei Bauern versteckt ›überlebt‹ haben.

Wir kehren um und nehmen nach rund 45 Minuten am Grenzstein »RS XV/46« den Pfad auf, nach links und

Süden am Grat hinunter. Zwei Minuten später sind wir am Wolfsstein angelangt. Einst hatte ein Bauer diesen Stein bearbeitet, um ihn leichter zu Tale transportieren und dort in seiner Mühle verwenden zu können. Doch war er bei der Arbeit so unachtsam, dass ein Wolf kam und ihn fraß.

Wir wandern weiter und kommen zur **Jagdhütte Piramida** (5 Std.). Dort nehmen wir den Fahrweg und 5 Minuten hinter der Hütte (an einer Kreuzung mit einem alten, kleinen Markierungsstein) den Pfad, der rechts fast wieder zurück und bergan verläuft. Nach weiteren 5 Minuten gehen wir links und nun rasant auf einem Forstwirtschaftsweg bergab. Allerdings bleiben wir nicht auf dem Waldweg, sondern nehmen an einer Gabelung den Pfad rechts hinunter, auf dem wir schließlich eine Straße überqueren. Kurz darauf achten wir links auf eine Markierung, die uns den Steig zur **Berghütte** (5.45 Std.) weist.

Wir nehmen die Treppe unterhalb der Hütte, gehen den Fahrweg bergab und erreichen über Asphalt die **Kirche Sv. Janez Krstnik** (6 Std.), unterhalb derer sich der Gasthof Mori befindet. Wir passieren das Gasthaus an seiner Eingangsseite und folgen dem vom Besitzer errichteten Maschendrahtzaun nach unten. Am Ende der Wiese geht es auf einem Viehtriebweg in den Wald hinein, in dem wir gleich wieder auf den Zaun treffen, den wir nun auf dem schmalen Pfad entlanggehen. Schließlich gelangen wir zu einem kleinen See mit Ruhebank, einem Fahrweg und dem Bauernhof Ojstrica 16, wo der Bauer Virko Škurle den Schlüssel für die Kirche Sv. Duh verwaltet. Wir bitten um den Schlüssel und folgen einem Fahrweg etwa 500 m nach Osten bis zu einem Hof. Unmittelbar vor diesem schlagen wir den Wie-

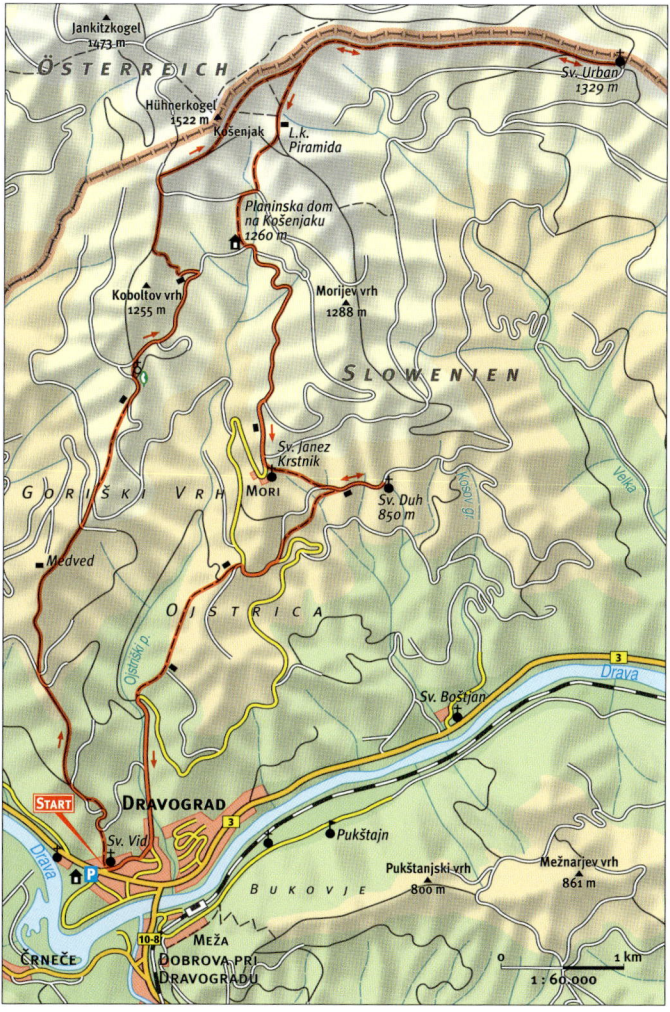

senweg nach unten ein und erreichen alsbald die **Kirche** (6.30 Std.).
Deren Decken sind mit feinen Mu-
stern gestaltet und die uralten Fres-
ken an den Mauern werden – soweit
sie noch zu erkennen sind – in mühe-
voller, jahrelanger und ehrenamtli-
cher Arbeit saniert. Wir bringen den
Schlüssel zurück und folgen dem

Weg nach Westen, bis wir auf Asphalt treffen. Dort biegen wir rechts
ab. An einer Doppelgarage gehen
wir links bergab, um nach rund 5 Minuten an einer Wegverzweigung geradeaus Richtung Wald zu wandern.
An der Stelle, an der ein Weg vom
Berg herunterkommt, biegen wir in
einen schmalen Pfad in den Wald

Die Lindenbäume gleich neben den Gotteshäusern zeugen von der Verbindung des ursprünglichen Volksglauben mit der christlichen Religion.

ein. In der gleichen Richtung überqueren wir eine Wiese, achten aber auf die Markierung linker Hand, die uns bald den Weg durch die Bäume weist. Kurz darauf folgt eine etwas unübersichtliche Hohlwegpassage. Wer jedoch auf die Markierung achtet, kann den richtigen Weg nicht verfehlen. Schließlich gelangen wir wieder auf eine Asphaltstraße, der wir bis ins **Zentrum von Dravograd** (7.30 Std.) folgen.

Von Königen und Bergmandl

Vorbei an Sagengestalten zur Peca

Tiefe Stollen graben sich in die Berge rund um die Peca ein, in denen früher Blei abgebaut wurde. Heute ranken sich um die verlassenen Stollen die Sagen um König Matjaž und um die Bergmandl, guten Zwergen, die in den Minen nach Edelsteinen gruben.

DIE WANDERUNG IN KÜRZE

+++
Anspruch

5 Std.
Gehzeit

1150 m
An-/Abstieg

Charakter: Sehr direkter und steiler Anstieg und eine relativ ausgesetzte, aber gut gesicherte Passage auf einem einfacheren Klettersteig, der trotzdem Schwindelfreiheit und Trittsicherheit verlangt

Wanderkarte: Kamniško-Savinjske Alpe, 1:50 000

Einkehrmöglichkeiten: Dom na Peci und Gostilna pri Matjažu in Podpeca

Anfahrt: Mit dem Pkw von Črna nach Koroškem 2,5 km die Meža entlang nach Westen und dann für 4 km nach Norden Richtung Podpeca abbiegen und bei Pri Matjažu parken.

Hinweis: Schwindelfreiheit und Trittsicherheit erforderlich

Von unserem **Parkplatz** gehen wir dem Schild »Dom na Peci« folgend den breiten Fahrweg entlang. An der nächsten Gabelung, an der es rechts die »avtocesta« den Berg hochgeht, trennt sich unser Weg von dem der Autofahrer. Wir gehen links. Gleich danach, direkt hinter dem Haus Podpeca 47, biegen wir rechts ab auf die Peca zu, kommen in den Wald hinein und gehen auf einem Steig steil und direkt bergauf. Wir erreichen einen Grat, an dem wir mäßig steil schräg entlangwandern, bis wir an der Jagdhütte **Tomašova koča** (1 Std.) ankommen. Wir nehmen den Weg hinter der Hütte wieder auf und erreichen ein Schild mit der Zeitangabe von 45 Minuten zur Hütte Dom na Peci. Nun ist auch der Grat zu Ende

und wir wandern auf dem gerölligen Weg teilweise in Serpentinen an einem steilen Hang schräg bergauf. Nach rund 15 Minuten passieren wir einen Hang, der bei Neuschnee lawinengefährdet ist. Wir kommen zur **Hütte Dom na Peci** (1.45 Std.). Unmittelbar hinter ihr beginnt an einem Mäuerchen die Fortsetzung unserer Wanderung. Zunächst durch Wald und schließlich über eine Wiese gehend, kommen wir zu einer Gabelung, an der wir uns links Richtung »zelo zahtevna pot« (»sehr anspruchsvoller Weg«) halten. Auf dem rechten Weg werden wir den Gipfel wieder verlassen.

Es wird nun zunehmend hochalpin, der Wald ist verschwunden, unsere Kletterei beginnt. Erst wird eine kurze, geröllige Passage mittels einer Drahtseilsicherung gequert und ein etwa 10 m hoher Kamin, ebenfalls mit einem Drahtseil gesichert, durchstiegen. Nach etwa 10 Minuten geht es rückwärts hinunterkletternd quer an einem sehr ausgesetzten, aber kurzen Abschnitt über einen Steilabfall durch die Wand und anschließend wieder die Wand hoch. Bald ist dieser heiklere Abschnitt zu Ende und wir klettern, ohne Sicherungen, aber unter Zuhilfenahme der Hände, weiter. In einer grünen Idylle, inmitten von Latschenkiefern, endet der Klettersteigabschnitt. Nun schlendern wir den Pfad entlang durch einen kleinen **Wiesenkessel** (2.45 Std.) zur abschließenden Flanke der Peca und diese mäßig steil über Stein und Grasnarben hoch zum **Gipfel der Peca** (3 Std.). Kordeževa glava steht auf den Karten für den höchsten Punkt, doch nennen die Einheimischen den Berg einfach Peca/Petzen. Tief unten im Norden liegt die österreichische Stadt Bleiberg. Die Grenze zu Österreich verläuft direkt entlang des Gipfels, sodass genauso viele Österreicher wie Slowenen das Panorama im Westen zu den Steiner und Sanntaler Alpen und im Osten zum Hühnerkogel genießen. Sogar zum Triglav-Massiv reicht der Blick an klaren Tagen.

Der Rückweg verläuft entlang der Grenze. Unproblematisch geht es durch einen kurzen felsigen Abschnitt bergab bis zu der Gabelung, an der wir den linken Weg eingeschlagen hatten. Wir gelangen wieder zur **Hütte** (3.45 Std.) und nutzen eine Pause zum Besuch von König Matjaž. Der legendäre Slowenen-Fürst soll hier umgeben von hundert treuen Männern irgendwo in einer Höhle den Tag seines Erwachens erwarten; bis es so weit ist, können wir eine Skulptur des Herrschers in einem stillgelegten Stollen des ehemaligen Bergwerks besuchen.

Am unteren Ende der Lichtung zweigt ein Steig ab und bringt uns in rund 10 Minuten durch den Wald zu einem 15 m langen Stollen. An dessen Ende sitzt über einen Tisch gebeugt König Matjaž und schläft. Neun mal muss sich sein Bart laut Legende um den Stuhl ringeln, dann steht er auf und führt Slowenien in eine bessere Zukunft – mittlerweile ist der Bart sechs mal um den Sitz gewachsen.

Wir wandern zurück zur Hütte und folgen nun unserem Aufstiegsweg – diesmal bergab – vorbei an der **Jagdhütte** (4.15 Std.) bis zu unserem **Ausgangspunkt** (5 Std.).

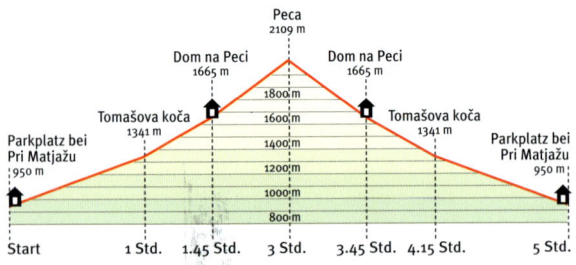

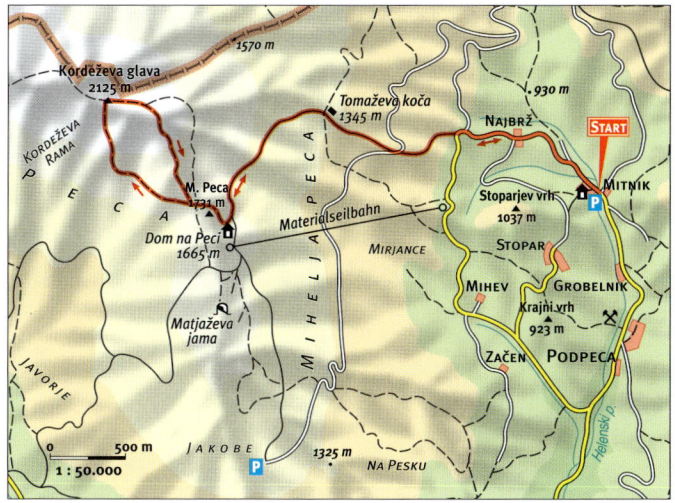

Von Königen und Bergmandln

In der Legende von König Matjaž verschmelzen zwei sehr unterschiedliche Charaktere zu einer Figur, die ganz offensichtlich nach dem Barbarossa-Mythos gestrickt ist. Einen König Matthias, Matjaž, hat es in Slowenien nicht gegeben, zumindest keinen Slowenen, denn das Land war stets fremden Herrschaftsgebieten, Bayern, Salzburg oder Aquileia, untertan. Allerdings gelang es Mitte des 15. Jh. den Grafen von Cilli (Celje), eine gewisse staatliche Souveränität aufzubauen, deren Gebiet den Kern des heutigen Slowenien umfasste; internationale Intrigen brachten die Cillier zu Fall und ihre Grafschaft ging direkt an Habsburg. Ulrich, der letzte Graf von Cilli, soll ein Vorbild der Matjaž-Figur sein. Zu ihr gesellt sich ein ganz anderer Charakter, Matija Grubec, ein kroatischer Bauernführer, der im 16. Jh. gegen die Habsburger Militärverwaltung revoltierte und nach seiner Gefangennahme in Zagreb öffentlich hingerichtet wurde.

Eine andere Sage der Region, die der Bergmandln, ist eng mit dem Bergbau verwoben. Die Bergmandln waren fleißige Zwerge, die im Berg nach Schätzen schürften. Einmal betraten drei Bergleute aus Bistrica versehentlich eine Höhle der Bergmandl und erblindeten beinahe angesichts all der aufgetürmten Edelsteine. Eine freundliche Stimme forderte sie auf, doch zu nehmen, was sie zum Leben bräuchten. Doch die Männer packten ein, was sie tragen konnten, bis die gleiche, nun aber unheimliche Stimme sie vertrieb. Die Bergleute rannten in Panik den Berg hinunter, und als sie es wagten, in ihren Taschen nachzusehen, hatten sie nur Steine darin. Der Wirt von Pri Matjažu ist übrigens ein Verwandter der Bergmandln und kennt ähnliche Tricks. Er gibt Wanderern köstlichen Schnaps mit auf den Weg, aber wer nicht bezahlt, findet am Ende nur Wasser in seiner Flasche.

Tour 28

Moor-Seen auf dem Pohorje

Durch Wälder zum Hochmoor von Lovrenško

Mitten in den weiten Wäldern des Pohorje (Bachern-Gebirge) liegt ein Torfmoor mit vielen kleinen Seen, in denen Seerosen blühen. Im Lovrenško jezerje (Laurenzer Seen) soll noch heute der Wassergeist Jezernik leben.

DIE WANDERUNG IN KÜRZE

+
Anspruch

Charakter: Einfache Wanderung mit geringem Höhenunterschied auf guten, ebenen Wegen

3 Std.
Gehzeit

Wanderkarte: Zreče, 1:25 000

Einkehrmöglichkeiten: Hotel Planja, Koča na Pesku (jeweils ganzjährig geöffnet)

350 m
An-/Abstieg

Anfahrt: Mit dem Pkw von Zreče auf gut asphaltierter Straße zum Parkplatz an der Rogla nahe dem Hotel Planja oder mit dem ganzjährig verkehrenden Bus von Zreče zur Rogla fahren

Wir beginnen unsere Wanderung oberhalb des Hotels Planja an der **Informationsstelle** und folgen dem Schild Lovrenško jezerje, das uns über die Hochalm nach Nordwesten weist. An Kuhherden vorbei geht es leicht hoch zum Waldrand, wo zwei Stelen an den Partisanenkrieg erinnern. Wir tauchen in den Wald ein und halten uns an der Weggabelung links. Es geht auf einem Wurzelpfad unter den Bäumen durch und wir treffen für kurze Zeit auf einen Feld-

weg, den wir aber umgehend nach links verlassen. Nun wandern wir wieder leicht bergauf bis zu einer großen Lichtung, die den Blick in die Ferne des tief unten liegenden Umlandes freigibt. Weiter geht es leicht bergauf und bald wieder in den Wald hinein. An einem Schild, das uns zu den Seen weist, gehen wir rechts den Pfad bergauf, der dann an einem hölzernen **Aussichtsturm** (1 Std.) endet. Besteigt man ihn, schweift der Blick über die eindrucksvolle, satt-

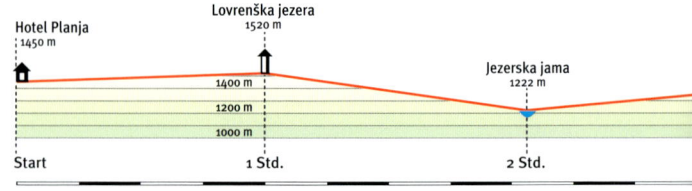

Hotel Planja
1450 m

Lovrenška jezera
1520 m

1400 m

Jezerska jama
1222 m

1200 m

1000 m

Start

1 Std.

2 Std.

0

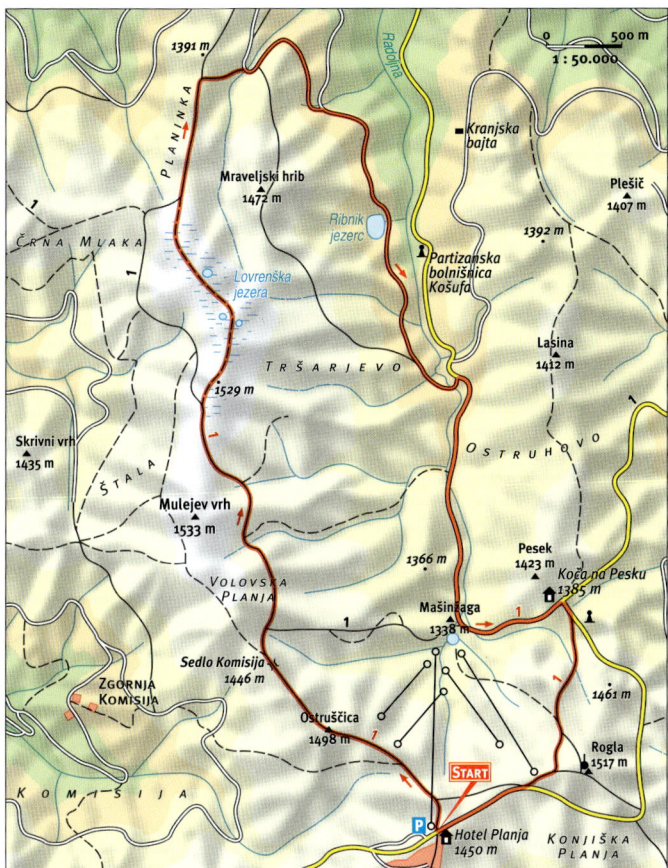

grün mit Zwergkiefern bestandene Ebene, zwischen denen sich das Schwarz der Seen geheimnisvoll ausnimmt. Nicht umsonst spricht die Legende vom Wassergeist im uner-gründlichen Nass. Der Jezernik, Wassermann, hat hier oben nämlich sein Rückzugsgebiet gefunden: Er stürzt sich gerne auf Jungfrauen und zieht sie ins Wasser, doch dies nur nachts. Wütend wird er, wenn man Steine in seine Seen wirft. Dann lässt er Regenwolken aufziehen, und die mutwilligen Wanderer werden nass geregnet.

Auf hölzernen Stegen kann man im Hochmoor herumspazieren. Seerosen blühen auf dem Wasser, Rundblättriger Sonnentau und Roststeinrosen sind die floralen Besonderheiten der tundraähnlichen Landschaft. Die Seen werden nicht aus Quellen gespeist, sondern vom Regen. Die 21 Weiher sollen schon 8000 Jahre existieren, die Torfschicht des Moores ist zwei Meter stark.

Am nördlichen Ende des Steges nehmen wir den schmalen Pfad durch die Zwergkiefern auf und wandern auf dem weichen, feuchtschwarzen Boden durch die nachgiebigen Latschenkiefern. Wenn wir festeren Boden und den Hauptweg, der die Ribniška koča mit der Koča na Pesku verbindet, erreicht haben, gehen wir Richtung Pesek nach rechts und durch den lichten Wald nach unten. An einer **Hütte** (1.30 Std.) biegen wir erneut rechts in einen guten Forstweg ein, der dem Lauf eines Bächleins bergab folgt. Ein Schild weist uns bald rechts auf einen breiten Kiesweg Richtung Pesek. Wir folgen ihm und überqueren auf einer Brücke das Bächlein. An

der nächsten markierten Gabelung halten wir uns rechts und kommen so zum **Jezerska jama** (2 Std.), einem künstlichen, doch nicht unidyllischen See von etwa 150 m Durchmesser und mit einer Jagdhütte an seinem Ufer.

Hinter einer weiteren Brücke zeigt ein Schild an einer Kreuzung die Entfernung zur Rogla (5 km). Nun geht es gemächlich auf der breiten Fahrstraße entlang um die Kuppe des Pesek herum. Wir passieren einen künstlichen See, der das Wasserreservoir für die Beschneiungsanlagen des Skigebietes bildet und bald darauf erreichen wir die **Koča na Pesku** (2.30 Std.). Hier gehen wir gegenüber der Hütte wieder in den Wald hinein und wandern die Kuppe der Rogla hoch – etwas steiler als bisher. Nach 20 Minuten sind wir an den Bergstationen der Skilifte auf der Rogla angekommen. Wir halten uns rechts und wandern zu unserem **Parkplatz** (3 Std.) zurück.

Die Moor-Seen auf dem Pohorje liegen versteckt zwischen dichtem Latschenkiefer-Gestrüpp.

Das Mariborer Mittelgebirge

Von der Rogla zum Pragozd und zum Črno jezero

Durch die dunklen Wälder und durchs Unterholz geht es über die Hügel des Pohorje zu einer noch ursprünglicheren Landschaft, dem Urwald Pragozd mit seinem Wasserfall. Hier folgt man dem Pfad zu dem größten Moor-See des Bachern-Gebirges.

DIE WANDERUNG IN KÜRZE

+
Anspruch

6.30 Std.
Gehzeit

500 m
An-/Abstieg

Charakter: Einfache, aber lange Wanderung auf guten Wegen mit nur geringen Höhenunterschieden

Wanderkarte: Zreče, 1:25 000

Einkehrmöglichkeiten: Gozdarski dom, Dom na Osankarici (jeweils ganzjährig geöffnet)

Anfahrt: Mit dem Pkw von Zreče auf gut asphaltierter Straße 15 km hoch zur Rogla, vorbei am Hotel Planja und um die Rogla herumfahren, bis zur Koča na Pesku; von hier aus sind es noch 2,5 km auf der Geröllstraße nach rechts zum Parkplatz Zgornja brv. **Mit dem Bus** von Zreče zur Rogla und dann 1 Std. zu Fuß über die Koča na Pesku zum Ausgangspunkt

---

Am **Parkplatz bei Zgornja brv** führt ein Wanderweg mit der Markierung PP5 in den Wald. Diesem folgen wir, bis wir auf einen Forstweg stoßen. Wir gehen erst halblinks, verlassen den Weg aber nach 50 m links in einen Hohlweg hinein. Nach 2 Minuten gabelt sich der Weg, wir entscheiden uns für die Richtung Klopni vrh. (Unsere Markierung ist ein roter Kreis mit weißem Zentrum und eine 1.) Nach einer Weile treffen wir unterhalb des Klopni vrh auf einen breiten Fahrweg, nehmen ihn bergauf, verlassen ihn aber kurz hinter der **Kuppe** (1 Std.) rechts bergab auf einem unscheinbaren, schmalen Waldpfad. Kurz darauf biegen wir wieder auf einen Fahrweg rechts ein und orientieren uns an der nächsten Gabelung nochmal rechts Richtung Šumik.

50 m hinter der Gabelung steht rechter Hand ein Partisanendenkmal. An der nächsten Gabelung gehen wir links Richtung Šumik, bis wir an einer Rotwildfutterkrippe unterhalb des **Mizni vrh** (1.15 Std.) das Ende einer Forststraße erreichen, die wir etwas später direkt hinter einer S-Kurve rechts auf schmalem Waldsteig wieder verlassen. Dieser verläuft erst parallel zur Forststraße, führt dann steiler bergab und trifft schließlich auf eine Hüttenansammlung, die wir geradeaus auf breitem Weg passieren. Kurz darauf gehen wir an der Gabelung Richtung Koča Šumik (ein anderer Name für den

Gozdarski dom), vorbei an einem Partisanendenkmal, bis wir die **Hütte** (2 Std.) erreichen.

Von der Berghütte aus nehmen wir den Weg hinunter Richtung Areh, wandern an der Kreuzung rechts und erreichen so bei den Picknickplätzen an der Brücke den Zugang zu den Wasserfällen von Pragozd – Slapovi Šumik.

Auf der Halbinsel beim Zusammenfluss zweier Bäche schlagen wir den Weg Richtung Norden ein und balancieren nach 50 m über Baumstämme ans andere Ufer. Im schäumenden Wasser sind noch Überreste der Uferbefestigungen zu sehen, aus einer Zeit, als der Bach noch zum Flößen genutzt wurde. Wir wandern zum **ersten der Wasserfälle** (2.45 Std.): Er ist der größere der beiden und fällt über mehrere Stufen 40 m herab. Im feuchten Tal mit urwüchsigen Stämmen, Moosen und Farnkräutern verläuft der Steig teilweise recht glitschig und ist an einigen Stellen mit einem Drahtseil und eisernen Stiften gesichert, doch werfen diese sehr kurzen Passagen bei gutem Schuhwerk keinerlei Probleme auf.

Wir gehen bis zum Zuweg zu den Wasserfällen zurück und setzen unsere Wanderung Richtung Areh fort, gehen dann in den Wald hinein und überqueren ein schmales Bächlein auf einer eingestürzten Brücke. Wir kreuzen einen Fahrweg und kommen

an einen Hohlweg, der uns bergauf führt. Nach etwa 30 Minuten halten wir uns an einer Gabelung links, passieren kurz darauf einen Gedenk-

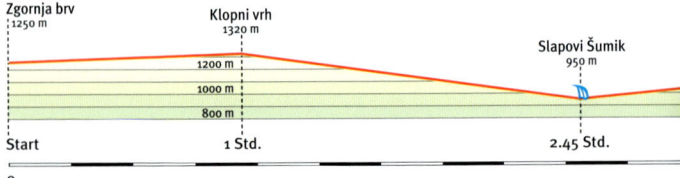

stein aus neuerer Zeit und gehen an der nächsten Kreuzung nach rechts und Westen Richtung Osankarica. Bald kündigt sich das Hochmoor des Črno jezero mit Holzbohlen an, die die feuchten Böden für den Wanderer befestigen. Wir gelangen zum **Schwarzen See** (3.45 Std.). An seinen

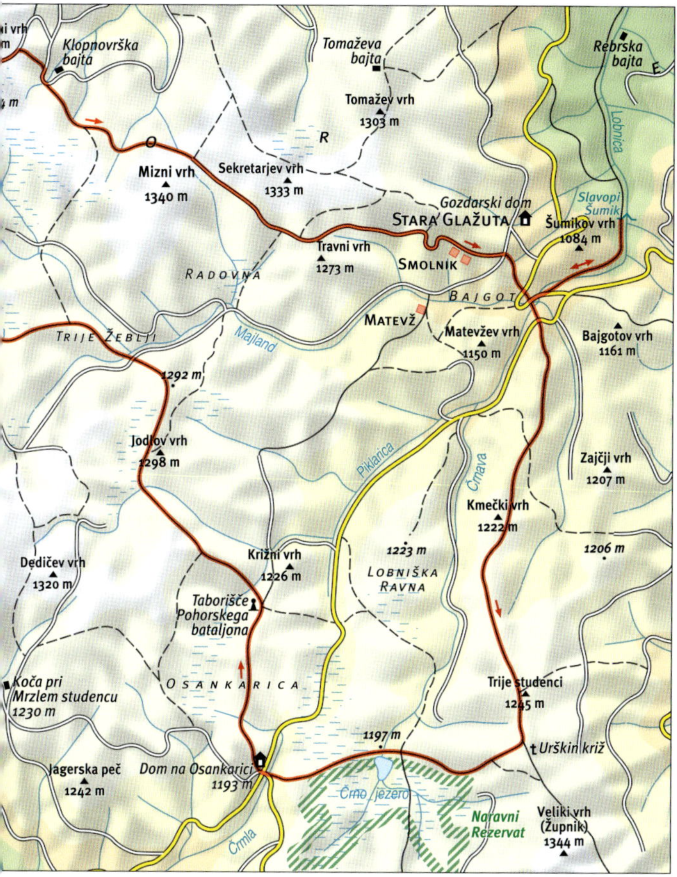

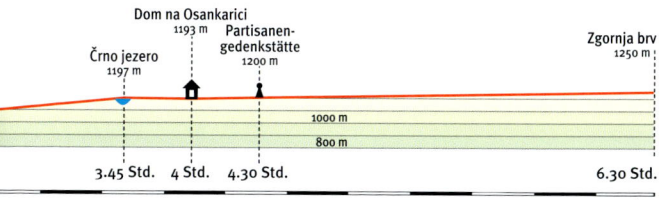

Der lichte Urwald Pragozd

den – am 8. Januar 1943 erfolgreich. Das Schlachtfeld, auf dem das ganze Partisanen-Bataillon des Pohorje aufgerieben wurde, liegt auf unserem Weg. Wir nehmen den gepflegten Pfad hinter dem Dom na Osankarici über die Treppen auf und schlagen uns tief in den Wald. Nach 20 Minuten kommt eine Kreuzung, an der wir uns geradeaus halten (nach links geht es zu weiteren Schauplätzen des Kampfes) und kommen daraufhin zu den im Wald verteilten einfachen **Quadern** (4.30 Std.), die jeweils einen oder mehrere Namen der Getöteten tragen. 69 Partisanen fanden hier den Tod, 31 Gefallene gab es auf der Gegenseite. Die Militäraktion unterbrach den Widerstandskampf im Pohorje, konnte ihn aber nicht zum Erliegen bringen. Bereits vier Monate später, im Mai 1943, hatte sich ein neues Pohorje-Bataillon formiert, das in der Endphase des Befreiungskampfes den nach Norden vorrückenden Partisanen große strategische Dienste leistete.

Unterhalb der Gedenkstätte suchen wir die Wegschilder und folgen der Markierung Richtung Pesek. Nach 30 Minuten, die letzten paar hundert Meter auf einem Forstweg, verlassen wir diesen nach links, passieren eine Kreuzung Richtung Šumik, etwas später die Richtung Klopni vrh. Nach 10 Minuten lassen wir den zum Forstweg gewordenen Pfad links hinter uns.

Den breiten Fahrweg, den wir bald erreichen, kann man mehrfach in den Wald hinein verlassen. Wir kürzen ihn an einer Weggabelung auf einem Forstweg ab, treffen auf die Gabelung, an der wir auf dem Hinweg zur Klopni vrh hinaufgegangen sind und folgen ihm zurück zu unserem **Ausgangspunkt** (6.30 Std.).

Ufern wurden Picknickplätze eingerichtet und am Wochenende fahren die Mariborer gerne hoch zur nahen Osankarica und wandern auf Holzbohlen zum See herüber. Die Sumpfgebiete um den See mit dem typischen niedrigen Kiefernwald sind ein Paradies für Vögel und deren Beobachter. Aber auch die Pflanzenwelt hat Besonderes zu bieten, z. B. das Torfmoos (Sphagnum riparium). Die Landschaften um den Črno jezero stehen unter Naturschutz.

Wir folgen dem Weg hinüber zur **Berghütte** (4 Std.) und besuchen das kleine, nur slowenisch beschriftete Museum, das den Partisanenkampf gegen die deutschen Besatzungstruppen zum Thema hat. Das Pohorje war ein wichtiges Zentrum des Widerstandes gegen die Besatzer, die sich dessen bewusst waren und daher immer wieder Versuche starteten, der Partisanen habhaft zu werden

Im schattigen Dschungel

In die Klamm der Bistrica

Auf schmalen Brücken und engen Steigen geht es tief in die Schlucht der Bistrica hinein, deren farn- und moosbewachsene Wände einen dichten Urwald bilden, um an ihrem oberen Ende in die Hügelwelt der Bauern einzutauchen.

DIE WANDERUNG IN KÜRZE

+
Anspruch

4.30 Std.
Gehzeit

500 m
An-/Abstieg

Charakter: Leichte Wanderung auf teilweise schmalen Steigen. Überquert wird die Klamm auf grob gezimmerten Brücken.

Wanderkarte:
Pohorje, 1:50 000

Einkehrmöglichkeiten:
Zgornja Bistrica 1,6 km südlich des Parkplatzes, Gostišče Brbre in Turiška vas

Anfahrt: Mit dem PKW (oder zu Fuß) am Hauptplatz von Slovenska Bistrica nach Norden Richtung Pohorje abbiegen, vorbei an der Aluminiumfabrik und auf schmaler Teerstraße bis zum Eingang der Schlucht bei Zgornja Bistrica (4 km)

Wir verlassen den **Parkplatz** und gehen mäßig steil am flussaufwärts rechten Ufer in die Schlucht hinein, um dann auf dem nun flacher verlaufenden, breiten und guten Weg zu wandern. Kurz darauf wechseln wir über eine schmale Brücke ans andere Flussufer. Wir gehen auf breitem Weg durch dichtes Laubgehölz und erreichen schließlich einen märchenhaften Nadelwald, in dessen Dunkel wir aber nur kurz eintauchen. Mit etwas Glück wird dem Wanderer der eine oder andere Feuersalamander begegnen, ein Tierchen, um das sich viele Legenden ranken. Nun geht es wieder etwas steiler bergauf; die Bistrica liegt etwa 20 m unter uns. Die Wände der Schlucht sind mit Farnen bewachsen, grünes Moos überzieht die Felsen und die Atmosphäre ist feucht und dunkel. Wir erreichen bald einen **Picknickplatz** (30 Min.), dem gegenüber am anderen Ufer der Eingang einer Höhle liegt – ein alter römischer Steinbruch (rimski kamnolom), in dem man einst weißen Marmor schnitt.

Am nächsten Abzweig gehen wir bergab zum ersten und höchsten Wasserfall. Etwa 20 m springt er in Kaskaden aus der Höhe. Nun wandern wir auf schmalem Pfad und über schlüpfrige Steine ein kurzes Stück wieder steil hoch zum Hauptweg. Nach 100 m wechseln wir an einer Brücke auf die andere Seite der Klamm. Ginge man geradeaus, käme man zum Ančnikovo gradišče, den Überresten einer spätantiken Siedlung, deren Fundamente an einem Hang noch zu besichtigen sind.

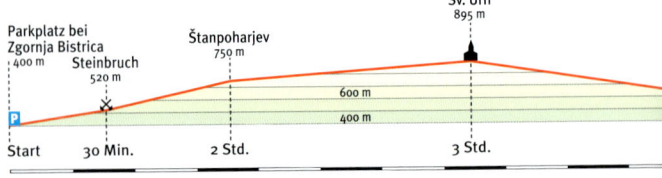

Traditionell wird in Slowenien das Heu zum Trocknen auf Heureiter gehängt.

Auf schmalem und schlüpfrigem, zum Teil steilem Pfad folgen wir dem Lauf der Klamm, passieren einen weiteren **Kaskadenfall** (1.30 Std.) von etwa 10 m Höhe und erreichen an einer Brücke (zwei Stämme und ein ›Handlauf‹) eine Hütte, der früheren Mühle **Štanpoharjev mlin** (2 Std.).

Wir gehen weiter entlang des rechten Flussufers entgegen der Fließrichtung und bewundern die Schlei-fen der Bistrica. Nach rund 5 Minuten kommen wir an ein Treppchen: Nun geht es immer wieder auf kleinen Stegen über die Zuflüsse hinweg, und wenn keine Brücken da sind, wird das Weiterkommen bei Hochwasser ein wenig erschwert. An einem Übergang, dem mit der Bezeichnung Brücke stark geschmeichelt wäre, sehen wir am anderen Ufer die sterbliche Hülle der **Marol-**

Parkplatz bei
Zgornja Bistrica
400 m
Steinbruch
520 m
Štanpoharjev
750 m
Sv. Urh
895 m
600 m
400 m
P
Start
30 Min.
2 Std.
3 Std.

0

118

tova jelka (2.15 Std.) in den Himmel ragen. Sie ist immer noch gewaltig, wenn man auch tief in ihre angefaulten Eingeweide blickt, die wenigen Äste traurig zur Seite stehen und an ihrem Fuß Pilze und Moose gedeihen. Die Tanne war einst 43 m hoch, der Umfang allerdings beträgt noch heute 605 cm, und damit war der Baum einst die mächtigste Tanne des Landes.

Parkplatz bei
Zgornja Bistrica
400 m

P

4.30 Std.

14 km

Wir kehren wieder ans rechte Ufer zurück, kommen an eine Weggabelung, an der wir jedoch an unserem Ufer verbleiben. Bald aber kündigt sich das Ende des rechten Uferwegs durch die Häufung von Stegen über dem sumpfigen Boden an. Schließlich durchqueren wir eine Wiese und treffen auf eine richtige **Steinbrücke** (2.30 Std.), die wir überqueren. Auf der breiten Schotterstraße gehen wir nach links.

Wir folgen dem Ufer noch für kurze Zeit flussabwärts und dann der Straße bergauf vom Fluss weg. Am Wegesrand wachsen Zyklamen und Glockenblumen, auch Farne sind weiterhin zu sehen. So gelangen wir, alle Abzweige ignorierend, zu dem Ort Sv. Urh und nach einiger Zeit zur Namensgeberin der Streusiedlung: der sich im Wald versteckenden Kapelle **Sv. Urh** (3 Std.) im romanischen Stil. Hier gehen wir die Asphaltstraße links hinunter und nehmen am Weiler Škrbinjek vor dem ersten Gebäude – einem Schuppen – den Feldweg rechts bergab, biegen nach 5 Minuten vor einem Gehöft an einem Schild rechts ab und wandern oberhalb der Schlucht durch die Hügelwelt des Vorpohorje mit Wiesen und einer weiten Sicht über die Ebenen vor dem Mittelgebirge. An einer Gabelung halten wir uns rechts und kommen nach Jurišna vas. Nun folgen wir dem Asphalt bis Turiška vas, gehen an der Kapelle des Ortes links und nehmen an der Gostišče Brbre nicht die Asphaltstraße nach rechts, sondern den Feldweg geradeaus.

Im Ort Visole angelangt, wenden wir uns unmittelbar hinter einem Partisanendenkmal aus Aluminium nach links, nehmen den überwucherten Waldfahrweg, ignorieren den rechts erscheinenden schmalen

Waldpfad, der wieder zur Hauptstraße führen würde, und halten uns geradeaus. Nach guten 5 Minuten gehen wir an einer Gabelung rechts bergab, zwei Minuten später durch eine Kehre und müssen nach weiteren zwei Minuten ein Rinnsal durchqueren. Dahinter halten wir uns etwas rechts und kommen auf einen breiten Forstwirtschaftsweg, der uns weiter bergab führt. Wir gehen an der nächsten Gabelung links weiter bergab und zwei Minuten später

noch einmal links den steilen Weg hinunter bis zum Wasserwerk, das eingezäunt ist. Bislang allerdings war es üblich, die mit Stacheldraht martialisch aussehenden, allerdings nicht verankerten Zaunsegmente beiseite zu schieben und über die Brücke zum **Parkplatz** (4.30 Std.), dem Beginn der Wanderung, zu gehen. Sollte dies nicht mehr möglich sein, nehmen wir an der letzten Gabelung den anderen Weg und die Brücke ein Stückchen flussabwärts.

120

Einmalige Pflanzenwelt

Zur Donačka gora

Durch ein urwüchsiges Naturschutzgebiet wandern wir zu den Zwillingsgipfeln der Donačka gora – ein wahres Mekka für Botaniker. Denn hier dürfen Pflanzen nicht nur nach ihrem Belieben wachsen, man entdeckte auch eine neue Pflanzenart: die Juvans Dachwurz.

DIE WANDERUNG IN KÜRZE

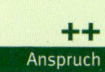

++
Anspruch

4 Std.
Gehzeit

650 m
An-/Abstieg

Charakter: Mittelschwere Wanderung aufgrund eines kurzen, aber gut gesicherten Kletterabschnitts

Wanderkarte: Rogaška Slatina, 1:25 000

Einkehrmöglichkeiten: Rudijev dom (nur bei gutem Wetter, dann aber ganzjährig geöffnet)

Anfahrt: Mit dem Pkw oder dem Zug von Rogaška Slatina 8 km Richtung Kroatien bis zu dem slowenischen Grenzort Rogatec fahren. Am Bahnhof parken.

Hinweise: Das Freilichtmuseum ist offiziell zwischen 13 und 19 Uhr geöffnet, kann aber meist auch vormittags besichtigt werden. Es ist möglich, die Tour mit dem Pkw abzukürzen und an der Hütte Rudijev dom zu starten.

Wir starten am **Bahnhof von Rogatec,** gehen durch das Zentrum des kleinen Ortes nach Norden und kommen zu dem sehenswerten Freilichtmuseum. Es zeigt einen für die Region typischen Bauernhof mit Wohnhaus und Wirtschaftsgebäuden. Man sieht u. a. die Schwarzküche, eine Schmiede, ein Bienenhaus und den »Lodn« – eine kleine Gemischtwarenhandlung. Nun nehmen wird den Asphalt nach rechts, und nach guten 10 Minuten auf der Hauptstraße gehen wir am zweiten Schild Richtung Tlake links. Hier wechseln wir auf einen asphaltierten Nebenweg, dem wir einige Minuten folgen. An der nächsten Kreuzung wandern wir rechts, bis wir auf den Asphalt-

weg hoch zur Donačka stoßen. Nun geht es steiler bergauf bis zur Hütte **Rudijev dom** (1 Std.). Wer die Tour abgekürzt will, parkt an der Hütte das Auto und steigt dann in die Wanderung ein.

Auch wenn das Schild an der Hütte eine Höhe von 652 m angibt, liegt sie tatsächlich nur auf 590 m. Es geht nun auf breitem Weg 50 m in den Wald hinein und an der Gabelung nach rechts den Berg hoch. Ein Schild erklärt, dass das Naturschutzgebiet seit 1956 besteht, 28 ha misst und sich über eine Höhe von 565 auf 880 m erstreckt. Die Slowenen nennen den Wald »pragozd«, Urwald, denn kein Förster oder Waldarbeiter kümmert sich hier um einen

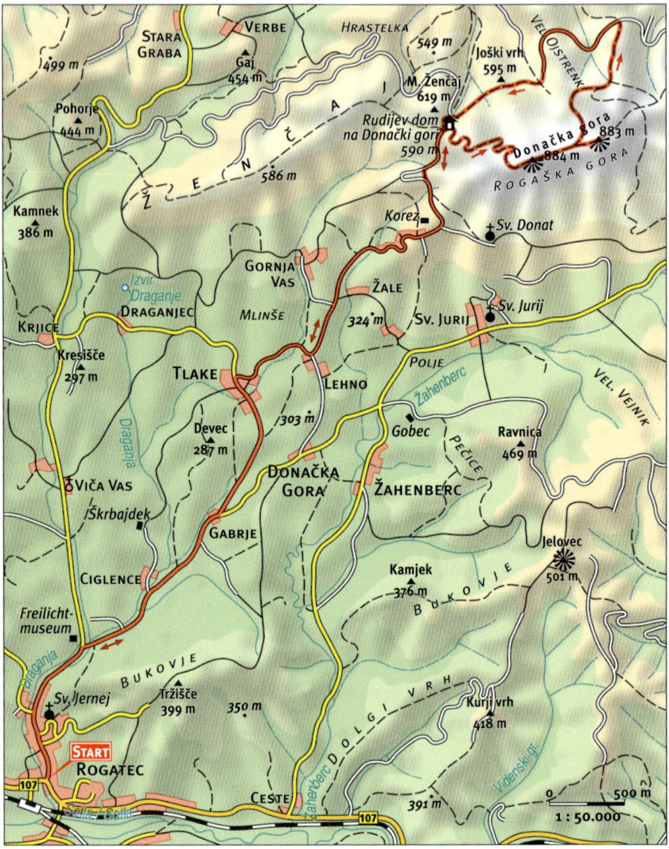

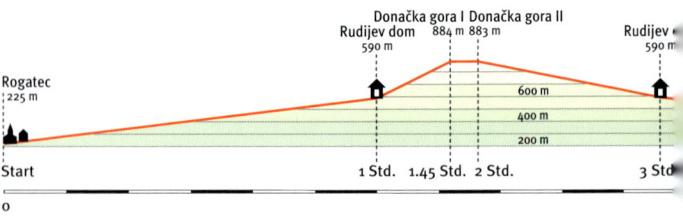

ordentlichen Wuchs, die Natur ist sich selbst überlassen. Deshalb werden beispielsweise schwache oder kranke Bäume nicht gefällt, sondern dürfen vom Wind gestürzt einfach verrotten. Und auch, was neu und jung aus der Walderde sprießt, tut dies ungelenkt und einfach den Gesetzen der Natur gehorchend. Die Buchen ragen mächtig und breit in den Himmel empor, haben teilweise bizarre Formen angenommen und ab und an versperrt ein vom Blitz oder Alter gefällter Baumriese den Weg.

Relativ steil geht es auf schmalem Pfad in Serpentinen den Berg bis zum Kamm hinauf. Wir folgen dem Kamm wenige Minuten und geraten schließlich an eine Gabelung, an der wir links gehen, um die letzten 15 Höhenmeter zum **Gipfel** (1.45 Std.) zu überwinden. Eine steinerne Pyramide wurde hier 1992 als Gipfelkennzeichnung errichtet, die Trümmer der neben ihr liegenden Vorgängerin stammen von 1934. Die Pyramide trägt die Inschrift »Up Edini« – »die einzige Hoffnung«.

Im Norden sehen wir nun die Städte Maribor und Ptuj und dahinter die Gebirge Österreichs liegen, im Osten schweift der Blick über das Haloze-Gebirge und Schloss Borl bis in die Weingegend Ljutomer und Jeruzalem, im Süden erkennen wir die Berge um Zagreb und im Westen blinken die Steiner Alpen.

Wir gehen zur Gabelung zurück und folgen dem überwachsenen Pfad knapp unterhalb des Gipfels an den Mauerresten einer Berghütte vorbei, die von den deutschen Besatzern im Zweiten Weltkrieg als Partisanenunterschlupf gesprengt wurde. Auf dem Pfad gelangen wir zum Grat aus Kalk- und Sandstein und folgen diesem durch steiles Waldgelände weiter zum **Zwillingsgipfel**

Blütengeschmücktes Wegkreuz

(2 Std.). 20 m müssen wir nun zurück zu einem Doppelpfeil, an dem wir auf die andere Seite der Felsbarriere klettern. Nun erwartet uns der etwas heikle, ausgesetzte, aber mit Drahtseilen und Trittstiften gut gesicherte Abstieg von etwa 10 Höhenmetern. Es geht auf schrägem Weg durch den Buchenwald und über Serpentinen und schließlich einige Holzstufen durch einen kleinen Farnwald. An einer Gabelung gehen wir Richtung »DOM«, biegen 5 Minuten später links ab und gehen gleich darauf noch einmal links, nun auf schwerem Lehmboden. Schließlich gelangen wir über einen breiten Forstweg wieder zur **Berghütte** (3 Std.) und wandern von dort hinab zum **Bahnhof von Rogatec** (4 Std.).

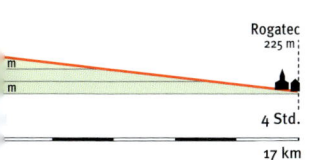

Rogatec
225 m

m

m

4 Std.

17 km

Tour 32

Fruchtbare Dolinen im Karst

Höhenwanderung um die Ortschaft Grašišče

Der Rundweg verläuft auf den Höhen um das Tal Movraška vala mit seinen typischen Karst-Erosionen, die von den Bauern der Umgebung intensiv genutzt werden. Als ehemalige Almen wurden die Hügel einst gerodet, sodass wir nun bis nach Kroatien sehen können.

DIE WANDERUNG IN KÜRZE

++
Anspruch

Charakter: Einfache Wanderung, die jedoch keinerlei Schatten bietet und daher nicht im Hochsommer gemacht werden sollte

5.30 Std.
Gehzeit

Wanderkarte: Izletniška karta Primorje in Kras, 1:50 000

350 m
An-/Abstieg

Einkehrmöglichkeiten: Gaststätte in Grašišče; Wasser im Ort Dvori

Anfahrt: Mit dem PKW unterhalb des Steilabfalls

Črni Kal von der Hauptstraße Ljubljana–Koper Richtung Grašišče abbiegen und dort am Abzweig zum alten Ortskern parken. Der **Bus** verkehrt zwischen Koper und Grašišče.

Hinweis: Wegen eines kurzen Abschnitts mit Aufstiegshilfen (Seil und Sprossen) sowie einer stark erodierten Etappe ist Trittsicherheit erforderlich.

Wir starten an der **Hauptstraße von Grašišče** und gehen in die östlich von ihr liegende Altstadt bis zur Kirche, passieren diese und kurz darauf dann den öffentlichen Waschplatz. 25 m hinter diesem biegen wir an der Gabelung der Gassen halbrechts ab, links vorbei am Haus Grašišče Nr. 13 bis zum nächsten Gebäude rechter Hand, vor dem der Weg hinauf auf die Lačna abzweigt. Diesem folgen wir.

Auf schmalem Pfad geht es durch das Unterholz des Waldes mäßig steil, erst direkt, dann schräg bergauf. Der Pfad wendet sich nach links, wird von zwei Trockensteinmauern flankiert und mündet schließlich in einen breiten, guten Wiesenweg, den wir nach rechts nehmen. Nun lassen wir auch den Schatten hinter uns und marschieren auf dem breiten Ziehweg, während die Steineichen und Pinien gehörig Abstand halten. An ei-

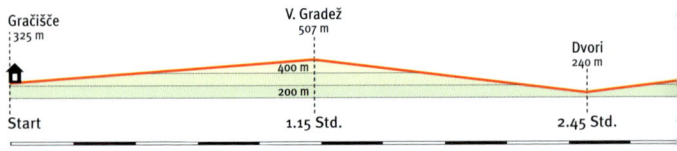

Gračišče
325 m

V. Gradež
507 m

Dvori
240 m

400 m

200 m

Start

1.15 Std.

2.45 Std.

0

ner Gabelung gehen wir nicht rechts hinunter, sondern verbleiben auf dem Weg entlang des Bergrückens, wechseln dann auf dessen andere Seite und sehen von dort aus die Ortschaften Zazid, Dol und Hrastovlje an den Hängen des östlichen Bergrückens. Nach einer Weile erkennen wir auf dem Weg einen rot bepinselten Stein, der uns geradeaus nach Kuk einlädt. Zwei Trockensteinmauern begleiten uns nun ein kurzes Stück und wir sehen vor uns die kahle Kuppe der **Veliki Gradež** (1.15 Std.), die einst dicht bewaldet war. Wir gelangen an ein Schild, das auf einen Übergang zum Slavnik hinweist, gehen aber geradeaus über die Wiese des Hochplateaus mit bunten Blumen und einer außerordentlich reichen Zahl an Schmetterlingen.

An ein Wäldchen kommend verbleiben wir an dessen linkem Rand. Links befindet sich ein Trockenmäuerchen und ein von Büschen umgebener Kessel. Es handelt sich um eine Doline, einen Karsteinbruch, der landwirtschaftlich genutzt wird. In der Karstlandschaft ist gemeinhin die Erdschicht nur dünn und bei ihrer Kultivierung schnell ausgelaugt. Auch versickert das Wasser in dem porösen und vielfach mit Gängen durchzogenen Gestein sehr schnell. In den Dolinen – ehemaligen Höhlen, deren Decken schließlich einstürzten – sammelte sich jedoch Muttererde und bildet eine ausreichende Schicht für Anpflanzungen und die Wasserspeicherung.

Auswaschungen im Karstgestein

An der nächsten Gabelung halten wir uns rechts, gehen auf einer Wiese durch einzeln stehende Bäume und schließlich kurz durch ein Wäldchen leicht bergab. Wir überqueren eine Teerstraße und suchen auf der anderen Seite an dem Baum mit der weißen Aufschrift »Mlini« den zugewachsenen Wiesenpfad. Der breiter werdende Weg verläuft weiter bergab. Nach etwa 5 Minuten nehmen wir an einer Einmündung den Weg links etwas hoch, blicken noch einmal über das Tal von Movraž und müssen nun auf die weiß-roten Markierungen achten, uns etwas nach links oben orientieren und dort die weiß-rote Kokarde wieder aufnehmen.

Der Weg fällt jetzt ab und wir gehen auf dem unangenehmsten Teilstück der ganzen Wanderung hinunter nach Dvori. Das grobe Geröll des breiten, gerade nach unten verlaufenden Weges ist unter hohem Gras verborgen und man sollte genau auf seinen Tritt achten. Mit der Asphaltstraße erreichen wir den **Ortskern** (2.45 Std.) und können hier unsere Flüssigkeitsvorräte auffüllen, indem wir einen Bauern um Wasser bitten.

Wir folgen dem Asphalt nun nach links, verlassen ihn aber kurz darauf wieder hinter einer Links- und vor einer Rechtskurve auf dem unteren der

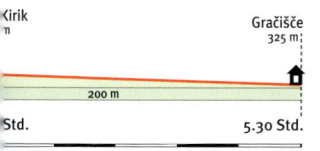

Kirik
m

Gračišče
325 m

200 m

Std.

5.30 Std.

17 km

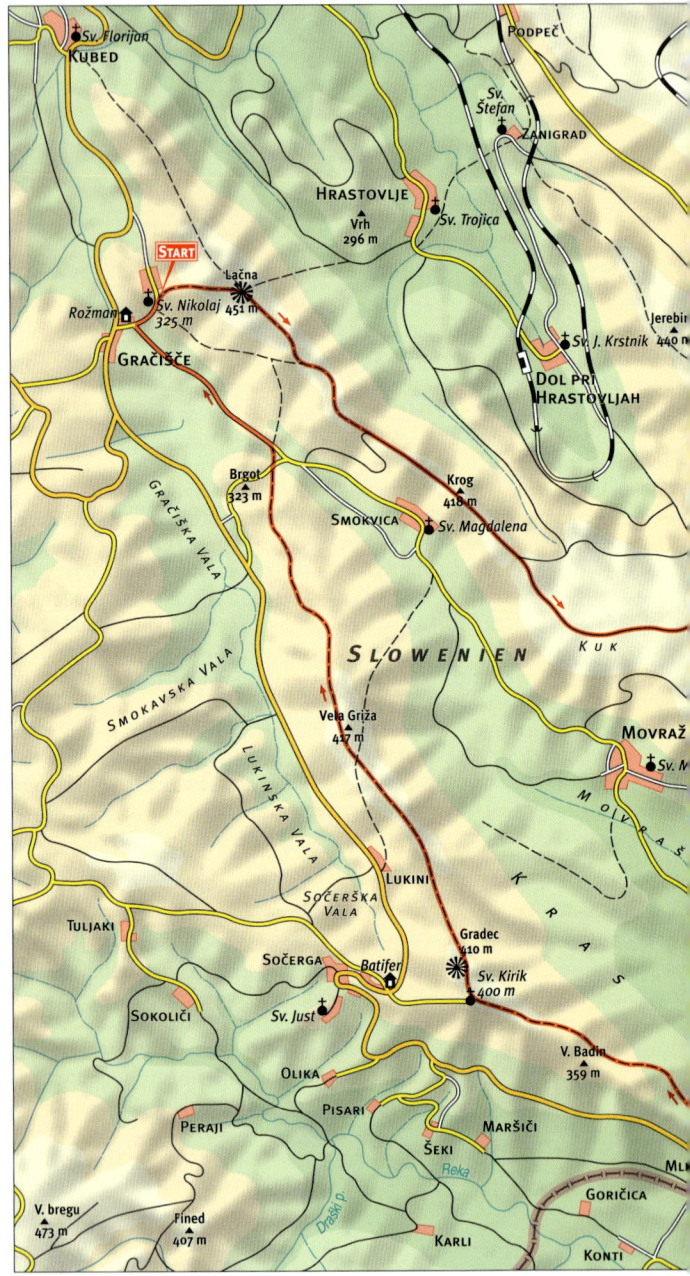

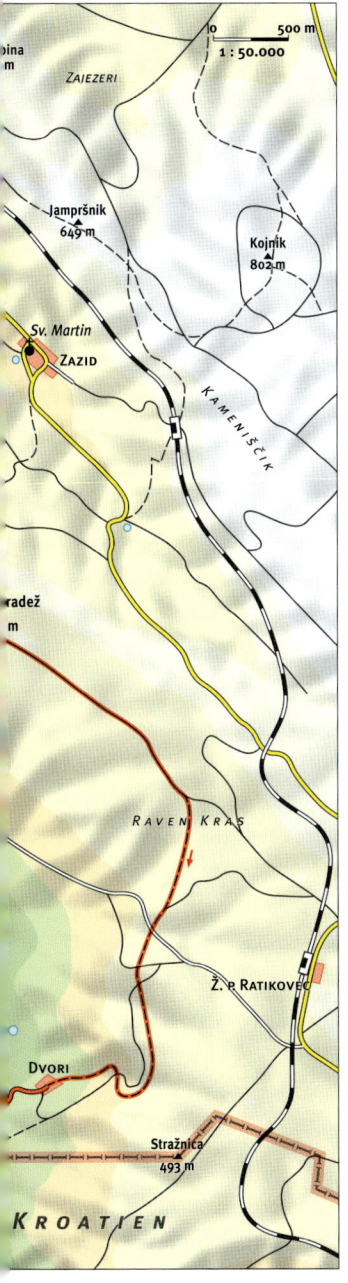

beiden dort abzweigenden Feldwege. Diesem folgen wir an einem Feldrand entlang, bis wir auf einen Weg mit Resten eines Teerbelages stoßen. Hier halten wir uns kurz rechts bergauf. Sobald die Straße flacher verläuft, achten wir auf die Markierungen und einen schmalen, kreuzenden Pfad, in den wir rechts einbiegen. Wir laufen nun nach Nordwesten und später nach Norden. Gleich darauf fällt unser Blick nach Südwesten auf Mlini, die Grenzstationen und Kroatien. Wir stehen unterhalb einer Felswand, die konkav erodiert ist. In 20 m Höhe hängt der Fels mehr als 6 m über, und das über eine Länge von ca. 100 m. Unser Weg führt direkt daran vorbei. Nach etwa 20 Minuten auf engem, sich schlängelndem Pfad stehen wir an einer Art Kamin, an dem uns ein Drahtseil, neun in den Fels eingelassene Eisenstangen und noch einmal ein Seil den Aufstieg erleichtern. Oben wartet eine Bank und gleich darauf spitzer, erodierter Fels, den wir balancierend oder unter Einsatz unserer Wanderstöcke meistern. Kurz darauf umfängt uns die willkommene Kühle eines Steineichenwäldchens und etwas später sind wir wieder auf gutem Pfad, auf dem wir das Kirchlein **Sv. Kirik** (4.15 Std.) erreichen. Hier könnten wir in 10 Minuten zum Dorf Sočerga absteigen und Erfrischungen zu uns nehmen. Die Rückkehr dauert etwa 15 Minuten.

Zunächst verbleiben wir noch auf dem Höhenzug, steigen etwas ab, dann wieder auf und kommen an einem Wäldchen vorbei. Danach geht es erst leicht, dann immer zügiger bergab. An der Asphaltstraße wenden wir uns nach rechts, nach 100 m an der Straße im Tal nach links und bleiben auf diesem Weg, bis wir **Grašišče** (5.30 Std.) erreichen.

Zauberreich des Karstes

Durch die Karstlandschaft um das Gestüt Lipica

Von Lipica – dem Gestüt, das die berühmten Lipizzaner heranzieht – wandern wir durch die slowenische Karstlandschaft. Wir treffen auf Einsturztrichter, Höhlen und Findlinge, aber auch auf Zeugnisse menschlicher Nutzung wie Steinbrüche und Hirtenhütten.

DIE WANDERUNG IN KÜRZE	
+ Anspruch	**Charakter:** Leichte Wanderung auf guten Pfaden mit kaum nennenswerten Höhenunterschieden
2.30 Std. Gehzeit	**Wanderkarte:** Primorje in Kras, 1:50 000
	Einkehrmöglichkeiten: Hotels in Lipica
30 m An-/Abstieg	**Anfahrt:** Mit dem Pkw von der Autobahn Ljubljana–Koper an der Ausfahrt Divača/Lipica abfahren und 10 km auf der Landstraße zum Gestüt Lipica fahren. **Mit dem Bus** von Koper eine Verbindung täglich nach Sežana (von dort Einstieg in die Wanderung etwa in der Mitte)
	Hinweise: Die Orientierung ist mitunter etwas schwierig, deshalb wird die Mitnahme eines Kompasses empfohlen. Unsere Karte markiert vor allem den Hauptwanderweg, von dem man immer wieder ins Buschland zu den ›Sehenswürdigkeiten‹ abzweigt und später wieder zurückkehrt.

Am **Gestüt Lipica**, das seit 500 Jahren hier in diesem abgelegenen Winkel Sloweniens die berühmten weißen Lipizzaner züchtet, beginnen wir unsere Wanderung durch die eigenwillige Welt des Karstes. Nur besonders verdiente Pferdeknechte durften die wertvollen weißen Hengste an den kaiserlichen Hof nach Wien überführen und ein jeder pflanzte zur Erinnerung an diese Ehre eine Linde. So wurde aus der Straße, auf der sie mit den Pferden das Gestüt verließen, eine Lindenallee, die am Golfplatz entlang nach Norden von Lipica wegführt. Wir folgen ihr und genießen an einer kleinen Anhöhe den Blick auf den wuchtigen Klotz des Berges Nanos und bei klarem Wetter auf den Felsgipfel des Krn in den Juliern.

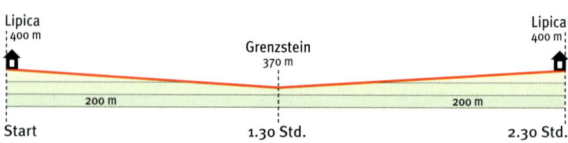

Lipica 400 m — Grenzstein 370 m — Lipica 400 m
200 m — 200 m
Start — 1.30 Std. — 2.30 Std.

Nach 15 Minuten erreichen wir das Eingangstor von Lipica und sehen rechts einen Marmorsteinbruch hinter Bäumen. Der weiße Stein aus der Region war bereits von den Römern geschätzt. Wir folgen der Straße weiterhin geradeaus und gehen an der nächsten Kreuzung rechts in Richtung Lokev und bleiben auf Asphalt, bis rechts ein Weg vom »kamnolom«, Steinbruch, einmündet. Ihm gegenüber führt ein **Pfad** (30 Min.) in die Büsche hinein, dem wir nun in den Schatten von Steineichen folgen. Nach wenigen Schritten ist rechts zwischen Buschwerk und hinter einer Steinmauer mit roter Markierung ein enormer Findling von 4 Metern Höhe zu erkennen. Etwas später schiebt sich von rechts ein Steinmäuerchen an den Hauptweg heran und wenn wir dessen Linie nach links verlängern, sehen wir im Buschwerk weitere markante Felsen, darunter einen mit einer augenförmigen Aushöhlung. Wir schlagen uns an ihnen vorbei in die Büsche und treffen 15 m weiter auf ein richtiges ›Felsenfenster‹, das Wasser und Wind in einen großen Felsblock gefressen haben.

Nun kehren wir auf den Hauptweg zurück und folgen ihm weiter nach links. Er zieht in einem leichten Bogen am Rand einer Doline entlang, einer großen Mulde, die entsteht, wenn der vom Wasser unterhöhlte Fels nicht mehr tragfähig ist und einstürzt. Die weiten Dolinen und die kleinen, fast trichterförmigen Vrtači sind oberirdische Hinweise darauf, dass man im Karst immer wieder auf buchstäblich dünnem Boden über Höhlensystemen läuft.

Schließlich kreuzen wir die Straße **Sežana–Lokev** (1 Std.) und gehen weiter in den Wald hinein. Der Pfad verzweigt sich, wir folgen ihm geradeaus und erreichen eine Lücke in

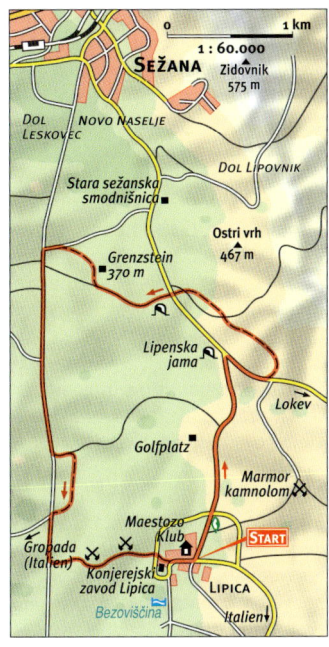

der begleitenden Steinmauer, durch die wir hindurchgehen und dahinter links querfeldein und leicht bergab laufen. Links des Weges liegt ein kleiner Einbruchtrichter, dann sehen wir einen Steingrat, der wie weiße Schuppen aus dem Buschwerk ragt. Eine Weide markiert einen Durchlass durch diese Gesteinsbarriere, dann gehts erneut links und bergab auf einen Felsabbruch zu, unter dem eine dunkle Höhlenöffnung in die Unterwelt führt. Keramikfunde haben belegt, dass Menschen vor 5000 Jahren in dieser Höhle lebten. Ohne Ausrüstung und Führer in die Höhle einzudringen ist nicht empfehlenswert.

Fünf Minuten haben wir für den Abstecher zur Höhle gebraucht, wir gehen zurück zum Hauptpfad, der dann über eine große Wiese führt, die wir entlang der Steinmauer an ihrem linken Rand überqueren. An einer markanten Gruppe von vier Steineichen schwenkt der Pfad nach links und verläuft dann in einem Bogen nach rechts entlang der Mauer. Wir überqueren eine Lichtung, gehen rechts an einer stark bemoosten Eichengruppe vorbei und kreuzen geradeaus weitergehend eine Stromleitung. Sie führt von Sežana nach Lipica, ist in der Karte eingetragen und dient als gute Orientierungshilfe, wenn man sich hier verläuft. Wir laufen nach rechts, ein Stück an ihr entlang, erreichen eine ›Leitungskreuzung‹ mit gemauertem Mast und biegen hier über eine kleine Lichtung nach rechts ins Gebüsch auf einen schmalen Pfad ein. 6 Minuten ab der Kreuzung der Stromleitungen biegt der Pfad an einem hohen Lorbeerbusch scharf nach rechts und wir stehen vor einem alten **Grenzstein** (1.30 Std.) aus dem Jahre 1651, der das Wappen des Grafen Petazzi auf der einen und jenes der Stadt Triest auf der anderen Seite trägt. Am Grenzverlauf hat sich in den letzten 400 Jahren kaum etwas verändert; die italienische Grenze liegt heute nur etwas weiter westlich.

Wir kehren nun zu den Strommasten zurück, gehen an ihnen rechts entlang, an der nächsten Wegeinmündung nach links und erreichen bald danach eine Staubstraße, die rechts nach Sežana führt. Wer diese Wanderung in Sežana beginnt, steigt also hier ein und folgt ihr wie im Folgenden beschrieben:

Wir biegen links in die Staubstraße ein und folgen ihr etwa einen Kilometer, bis von rechts ein Weg einmündet, auf dem wir in den Wald einbiegen. Wir kreuzen erneut die Stromleitung und überqueren nach rechts eine große Wiese. Von hier aus sieht man den Höhenzug, der die italienische Grenze markiert, nun ganz nahe. In der mit Dornranken überwucherten Steinmauer finden wir rechts eine kleine Bresche, steigen hindurch und überqueren die Wiese dahinter diagonal auf eine markante Steineiche zu. Dann sehen wir eine große und von der Erosion zerfressene Felsplatte. Auf ihr eingeritzt findet sich ein rührendes Zeugnis der Hirten, die hier früher ihre Schafe hüteten: ein unserer ›Mühle‹ ähnliches Spielfeld, das mit drei Steinen gespielt wurde und den Hirten die langweiligen Tage beim Hüten verkürzte. Wer mag, kann in den eingeritzten Zahlen daneben das Jahr 1918 erkennen.

Wir gehen zurück und 5 Minuten später weist uns eine mit Moos bewachsene Linde und die Bresche in der Steinmauer die Abzweigung vom Hauptweg nach rechts und über die Wiese; zwischen zwei Steineichen hindurch erreichen wir eine alte Hirtenhütte, nicht viel mehr als ein niedriger, aus Steinen aufgerichteter Unterstand, in dem ein Mensch bestenfalls hockend Platz fand. Dies ist die einzige bekannte Hirtenhütte im slowenischen Karstland; alle anderen finden sich im kroatischen Teil weiter südlich.

Bereits 5 Minuten später treffen wir auf die nächste ›Karst-Attraktion‹: Rechts des Pfades steht ein großer Felsblock und links geht es an einer von Efeu umrankten und halb abgestorbenen Eiche an einer Trockenmauer entlang wieder querfeldein; am Ende der Mauer schlängelt sich der Pfad zwischen Büschen und Bäumen nach rechts, überquert ein Feld und steuert durch eine Bresche in der Buschvegetation auf eine Doline zu, an der er rechts entlangläuft und geradeaus weiterführt. Dahinter liegt ein kleiner Einbruchtrichter, hinter dem wir scharf links abbiegen

Weißer Lipizzaner beim Training im Gestüt Lipica

und auf eine Gruppe von Felsblöcken zuhalten. Unter ihnen ist ein auffälliges, tischförmiges, manche sagen auch pilzförmiges, besonders eigenwillig erodiertes Exemplar. Unser Weg umgeht die Felsen rechts, ist nun kaum noch erkennbar, zieht aber geradeaus in Richtung Süden zwischen den Bäumen hindurch. 10 Minuten sind seit Verlassen des Hauptpfades vergangen, wir laufen inzwischen an einer Steinmauer mit roter Strichmarkierung entlang und treffen auf einen Pfad, dem wir nun nach rechts, erneut an einer Trockenmauer entlang, folgen. Der auf die Mauer gepinselte rote Pfeil sollte uns nicht irritieren. Wenige Minuten später mündet unser Pfad in einen breiten Kiesweg, dem wir nach links folgen und den wir nach 4 Minuten wieder nach links verlassen.

Vor uns befindet sich ein weiterer Marmorsteinbruch, dessen Gelände wir nun überqueren, um dahinter auf die Asphaltstraße nach Lipica zu treffen. Hier gehen wir nicht auf den Asphalt, sondern scharf links wieder auf einen Waldpfad. Etwa 10 Minuten später können wir rechts zwischen den Bäumen den Eingang zu einem Kohlenbergwerk sehen, 50 m weiter führt ein Pfad nach rechts weg zu einem weiteren Einstieg. Unter der Erde zieht sich über eine Länge von 344 m ein Netz von Stollen – ohne entsprechende Ausrüstung und Führer darf man das Bergwerk natürlich nicht besuchen.

Kurz danach gehen wir an der Einmündung nach rechts und dann auf einen breiten Weg nach links. Er führt uns leicht bergan in wenigen Minuten zum Gestüt von **Lipica** (2.30 Std.).

131

34 **Tour**

Wo die Burja bläst

Von Razdrto zum Gipfel des Nanos-Gebirges

Das Nanos-Gebirge verläuft von Nord nach Süd, steigt von gut 800 m bis zur Pleša auf 1262 m an und fällt dann so abrupt ab, dass man bis zu 700 m über seiner Umgebung steht. Der Gebirgsrücken bildet eine Karsthochebene, von der man bis zur Adria blicken kann.

DIE WANDERUNG IN KÜRZE

++
Anspruch

3.30 Std.
Gehzeit

700 m
An-/Abstieg

Charakter: Auf dem direkten Weg mittelschwer mit einigen wenigen Drahtseilsicherungen und Kletterstellen, der Abstieg erfolgt auf Schotterwegen. Alternativ absolviert man den Aufstieg auf dem Abstiegsweg und hat so eine leichte Wanderung.

Wanderkarte:
Izletniška karta Notranjsi kras, 1:50 000

Einkehrmöglichkeiten:
Vojkova koča (Mai bis September täglich, sonst nur am Wochenende), Gaststätten in Razdrto

Anfahrt: Mit dem Pkw nach Razdrto, im Ort Richtung Strane/Veliko Ubeljsko abbiegen, nach 300 m direkt hinter der Autobahnbrücke noch 100 m links fahren und dort parken. **Mit dem Bus** mehrmals täglich von und nach Postojna

Schon von weitem beeindruckt der 10 Kilometer lange Rücken des Nanos-Gebirges mit seinen steilen Wiesenflanken im Westen, den waldbestandenen Hängen im Osten und dem oben blitzenden, antennenbewehrten Felsgetürm.

Wir beginnen unsere Wanderung in Razdrto am **Wegweiser zum Nanos** hoch. Die ersten Schritte führen uns über eine bunte Wiese, doch schon bald umfängt uns der typische, niedrige Karstwald: Steineichen wechseln mit Föhren und Buchen ab, auch

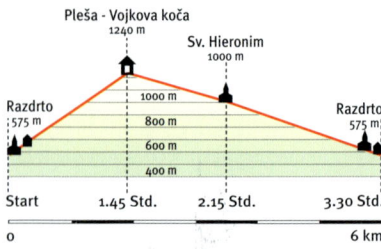

Pleša - Vojkova koča
1240 m

Sv. Hieronim
1000 m

Razdrto
575 m

1000 m
800 m
600 m
400 m

Razdrto
575 m

Start 1.45 Std. 2.15 Std. 3.30 Std.

0 6 km

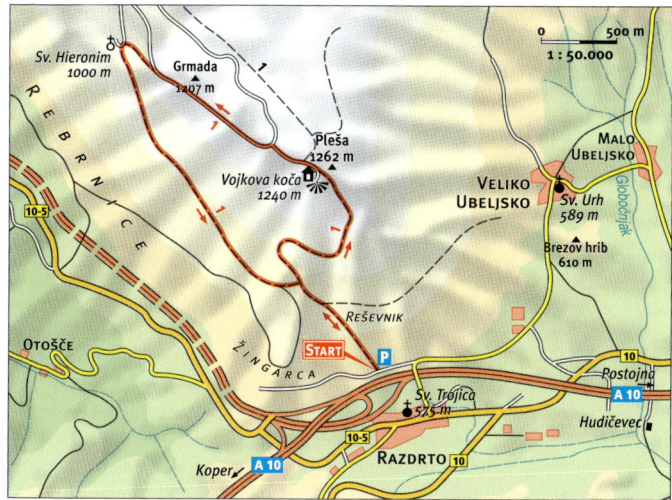

Wacholder ist zu sehen. Wir wandern auf dem gerölligen Pfad bergauf, bis wir zu einer Gabelung gelangen. Hier wenden sich die Wagemutigeren auf den steilen Pfad nach rechts, die es gemütlicher haben wollen, marschieren auf dem Pfad geradeaus bequem nach oben und auf gleichem Weg zurück.

Wir gehen rechts, steil, direkt und schweißtreibend auf Geröll und Kies nach oben. An Weggabelungen orientieren wir uns immer bergauf. Nach einer Weile passieren wir eine Geröllhalde und halten uns nun vor einer Felswand links. 5 Minuten später gehen wir, der Markierung folgend, nach rechts und überwinden eine minimal ausgesetzte Felsnase mithilfe eines Drahtseiles. Die nächsten 15 Höhenmeter müssen wir leicht kletternd bewältigen, werden aber dann mit der Sicht über die grünen Hügel des Karstes bis zur Hafenstadt Koper und dem dunklen Blau des Meeres im Golf von Triest belohnt.

Wir folgen unserem Pfad durch den Fels, dessen Erosionen sich aber gut als Stufen nutzen lassen. Dort, wo es einmal steiler ist, dient eine Kette als Aufstiegshilfe. Danach ist unser Weg etwas bequemer, dann wieder steiler, zwei Mal warnen uns gespannte Drahtseile, Abgründen nicht zu nahe zu kommen, und schließlich sind wir an einem Absatz unterhalb der grasbewachsenen Gipfelkuppe angekommen, an dem es bei einem Hinweisschild nach rechts zur Koča geht. Bläst aber die Burja, ein von Nordost kommender Fallwind, stark, sollte man diesen Weg meiden, da nach einem Stück an der Flanke entlang die Burja dem Wanderer extrem entgegenschlägt, sodass er sich kaum auf den Beinen halten kann. Besser ist es dann, den direkten Weg hoch zu den Sendeantennen am Gipfel zu nehmen. Auf beiden Wegen erreichen wir einen Mast und gehen durch das Wäldchen aus Rotbuchen zur **Berghütte** (1.45 Std.), die erneut mit einem wunderbaren Rundblick über Karst und Küste belohnt.

Für den Rückweg nehmen wir die Schotterstraße bergab und 5 Minuten später den linken Abzweig. Nun geht es durch ein Wäldchen und dann die Wiesenabhänge des Nanos-Gebirges entlang mit herrlicher Sicht über die Täler und die Bucht von Triest. Die Almen des Nanos waren als Schafweiden für die Bauern aus dem Vipava-Tal lange Zeit von großer Bedeutung. Aber auch für den Botaniker ist die Flora an der Grenze zwischen Mittelmeerklima und Kontinentalklima von Interesse. So wachsen hier die Pflanzen beider Bereiche einvernehmlich nebeneinander, aber auch endemische Gewächse wie der Wraber Hahnenfuß (Ranunculus wraberi) sind zu sehen.

Nach rund 10 Minuten verlassen wir den Schotter auf einem Wiesenpfad nach links unten und gelangen zur **Kapelle Sv. Hieronim** (2.15 Std.). Das Kirchlein wurde Mitte des 17. Jh. zu Wallfahrtszwecken gestiftet, und nicht nur sein Dach aus Steinplättchen verdient Beachtung. Messen finden hier nur sechs oder sieben Mal im Jahr statt, dann aber kommen viele der Bauernfamilien aus dem Tal und ein Großteil nimmt den Weg zu Fuß, auch wenn man mit dem Auto ebenfalls hinauffahren kann.

Wir gehen nun 5 Minuten auf gleichem Weg zurück, bis zum Wegweiser nach Razdrto, dem wir schräg nach unten folgen. Anfangs geht es durch steile Wiesen, schließlich kommen immer wieder leicht zu bewältigende Felsabschnitte, die wir langsam herabsteigen. Wir tauchen in Mischwald ein und genießen etwas später an einer Art Balkon noch einmal den Blick ins Tal. Nun verläuft der Weg fast auf einer Höhe bleibend und bequem der Flanke des Nanos folgend.

Schließlich halten wir uns an einer Gabelung links, überqueren einige Wiesen und gelangen sogleich wieder in den Wald. Unmittelbar danach sind wir an der Kreuzung, an der wir ursprünglich den Pfad steil hinauf wählten. Wir gehen rechts und gelangen so zu unserem **Ausgangspunkt in Razdrto** (3.30 Std.).

Die Burja

Die Italiener nennen sie Bora, die Slowenen Burja. Der von Nordosten wehende Wind rast die Hänge hinunter und bläst in heftigen und eisigen Stößen in Richtung Meer. In ausgesetzten Gebieten, beispielsweise im Vipava-Tal, werden Autofahrer mittels elektronischer Messtafeln über die Windgeschwindigkeiten – 100 km/h sind keine Seltenheit – informiert, damit sie ihre Fahrweise darauf einstellen können. Bergwanderer auf ausgesetzten Passagen sollten sich im Karst ebenfalls vor der Burja in Acht nehmen. Der Wind kann das ganze Jahr über blasen, kommt aber besonders häufig im Herbst vor. Dann hat er ein Gutes: Regenwolken werden von seiner Wucht weggepustet und der Himmel wird wunderbar klar.

Das Nanos-Gebirge bietet einen traumhaften Weitblick über das Vipava-Tal.

Von Bergen und Bären

Hinauf zum Slavnik

Der Slavnik ist eines der beliebtesten Tagesziele der Küstenbewohner, die hier ein wenig die Bergwelt genießen. Zu ihnen gesellen sich in den lichten Wäldern ab und zu Braunbären, die jedoch so scheu sind, dass sie fast umgehend im Gestrüpp verschwinden.

DIE WANDERUNG IN KÜRZE		
 **+** Anspruch	**Charakter:** Einfache Wanderung, meist durch lichten Karstwald	Črni Kal von der Hauptstraße Ljubljana-Koper Richtung Podgorje (8 km) fahren und unterhalb des Ortes an der Hauptstraße am Hinweisschild »Slavnik« parken. Ein **Zugbahnhof** befindet sich 1 km außerhalb im Nordwesten des Dorfes (Verbindung nach Koper).
2.30 Std. Gehzeit	**Wanderkarten:** Ilzletniška karta Primorje in Kras, 1:50 000	
	Einkehrmöglichkeiten: Tumova koča (Juli/August täglich, sonst an Wochenenden)	
500 m An-/Abstieg	**Anfahrt:** Mit dem Pkw oberhalb des Steilabfalls	

Wir starten am **Hinweisschild »Slavnik«** an der Hauptstraße unterhalb des Ortes, biegen in diese ab und suchen das Haus Podgorje Nr. 40, an dem wir rechts vorbeigehend unseren Weg aufnehmen.

Es geht auf breitem Schotterweg direkt und mäßig steil bergan durch die lichten Büsche. Wir kreuzen eine Schotterstraße und verbleiben auf unserem Weg geradeaus, auf dem wir alsbald auf Karstgestein, nur noch teilweise auf Geröll, aufsteigen.

Nachdem wir eine Weile von Eichenbäumen begleitet wurden, treten wir auf eine Lichtung, queren diese bergan, sind dann von Kiefern umgeben und stehen schließlich am unteren Rand der gras- und blumenbewachsenen Kuppe des Slavnik. Über die Wiesen der Hochalm gelangen wir zur **Tumova koča** (1.15 Std.) mit ihrem Sendemast und dem Gipfel. Einst als Hochalm genutzt, wurde die ganze Kuppe gerodet und bietet nun Platz für die seltene Flora des Slavnik. Hier gedeihen mediterrane Bergpflanzen wie das Hellgelbe Läusekraut, der Bergenzian, die Bergschachblume sowie Pfingstrosen und Narzissen.

1028 m ist der Slavnik hoch, ragt damit 500 Höhenmeter über seine Umgebung hinaus und erlaubt Ausblicke auf Koper, Triest und Venedig, natürlich auf die Hügelwelt und die Plateaus des umgebenden Karstes und, wenn die Luft klar ist, bis zu den Julischen Alpen und den Dolomiten. Die offiziellen Wanderkarten sind für die Aufnahme des Rückweges missverständlich, da die Feldwege um

gorje führt. Erst ist der Weg noch sehr grobschottrig und nicht sehr angenehm zu gehen, doch dann wird er glatter und richtig bequem. Endlich stoßen wir auf eine weitere Schotterstraße, der wir nach rechts folgen, bis sich Podgorje mit einer Trockenmauer rechts und einem Elektrozaun links ankündigt. Die ersten Häuser scheinen von unten durch die Büsche, wir wandern in den Ort hinein und sind rasch wieder am **Ausgangspunkt** (2.30 Std.) unserer Wanderung.

Die Bären sind los

In den slowenischen Wäldern des Karstes und des Südens an der kroatischen Grenze leben über 400 Braunbären (die genaue Zahl ist umstritten, von den Jägern gerne in die Höhe gejubelt, um bessere Abschusszahlen zu erhalten, vom Naturschutz kleingeredet, um genau das zu vermeiden). Die Bären gehen durch ihre weiträumigen Reviere und von Zeit zu Zeit auch auf Wanderschaft, mal bis in die Julischen Alpen und nach Österreich und auch schon mal nach Izola und Ankaran, wo die Badegäste dann aus allen Wolken fallen. Zur Panik besteht aber kein Grund, da Bären beileibe nicht aggressiv auftreten, sondern im Gegenteil tunlichst vermeiden, mit den Menschen in Kontakt zu kommen und friedfertig wegtrotten.

den Gipfel herum unzureichend eingezeichnet sind. Wir gehen 50 m auf der gleichen Strecke hinunter und halten uns an der Weggabelung Richtung Pološna links. Dabei achte man auf einen auf dem Boden liegenden, beschrifteten Stein. Nach 5 Minuten kommen wir an eine weitere Gabelung und gehen dort geradeaus. 2 Minuten später kreuzen wir eine Schotterstraße und sofort danach stoßen wir schräg auf eine weitere Fahrstraße, der wir in unserer bisherigen Richtung folgen. 50 m dahinter biegen wir in den schmalen Wiesenpfad nach rechts ein und kommen nun bald an eine Gabelung, an der wir uns links halten. Wir gelangen zu einem breiten Schotterweg, der uns weit um die Flanke des Slavnik herum hinunter nach Pod-

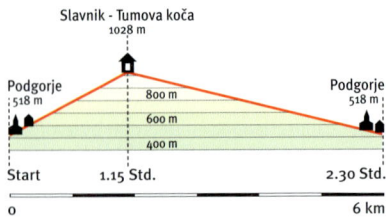

Kleiner Sprachführer

avtobusna postaja	Busbahnhof
bolnišnica	Hospital
cerkev	Kirche
cesta	Straße
čelada	Helm
dolina	Tal
dom	Haus
državna meja	Staatsgrenze
gora	Berg
gozd	Wald
grad	Schloss/Burg
greben	Grat
izvir	Quelle
jama	Höhle
jezero	See
jota	Eintopf
juha	Suppe
kamnolom	Steinbruch
kamping	Camping
kapela	Kapelle
kava	Kaffee
klobasa	Wurst
koča	Hütte
križ	Kreuz
križišče	Kreuzung
kruh	Brot
lahen	leicht
lekarna	Apotheke
malo	klein
markirana	markiert
melišče	Schuttfeld
mineralna voda	Mineralwasser
močvirje	Sumpf
nevarnost	Gefahr
okno	Natursteinfenster (eigentlich Fenster)
parkirišče	Parkplatz
penzion	Pension
pivo	Bier
planina	Alm
planinski mejni prehod	Berggrenzübergang
pogorje	Gebirge
postajališče	Haltestelle
postelja	Bett
pot	Weg

potok	Bach
prelaz	Pass
račun	Rechnung
razgledna točka	Aussichtspunkt
reka	Fluss
ruševje	Latschenkiefern
sedlo	Sattel
sestop	Abstieg
skalovje	Felsen
slap	Wasserfall
sneg	Schnee
soba	Zimmer
solata	Salat
sosteka	Schlucht
spodnji	untere/unterer
steza	Steig
škrbina	Scharte
šnops	Schnaps
težaven	schwierig
velik	groß
vino	Wein
višina	Höhe
voda	Wasser
vrata	Übergang (eigentlich Türe)
vrh	Gipfel
vzpon	Aufstieg
zelo zahtevna steza	Klettersteig
zgornji	obere/oberer
železniska postaja	Zugbahnhof
žganci	Sterz/Polenta
žičnica	Seilbahn

Die Aussprache:

š wie »sch«
č wie »tsch«
ž wie »dsch«
c wie »ts«
h wie »ch«
v am Wortanfang wie »w«
v in der Wortmitte wie »u«
z wie »s«

Register

DUMONT *aktiv*

Abbildungsnachweis

Alle Fotos in diesem Band stammen von den Autoren Daniela Schetar und Friedrich Köthe.

Schreiben Sie uns! Zum Beispiel, wenn sich etwas geändert hat, wenn Sie Lob oder Kritik äußern oder Anregungen und Tipps geben möchten. Autoren und Verlag freuen sich über Rückmeldungen zum Buch. Wir leiten Ihre Post auch gern an die Autoren des Bandes weiter.
DuMont Reiseverlag
Postfach 101045
50450 Köln
E-Mail: info@dumontreise.de

Impressum

Titelbild: Blick von der Planina prvi Vogel ins Tal von Bohinj

Über die Autoren: Die gebürtige Slowenin Daniela Schetar und Friedrich Köthe leben als Reisejournalisten in München. Die slowenische Bergwelt mit ihren schroffen Kalkgipfeln unter mediterranem Licht ist eines ihrer liebsten Wandergebiete. Von den Autoren ist bei DuMont auch das Reisetaschenbuch »Slowenien« erschienen.

© 2003 DuMont Reiseverlag, Köln
Alle Rechte vorbehalten
Graphisches Konzept: Groschwitz, Hamburg
Druck: Rasch, Bramsche
Buchbinderische Verarbeitung: Bramscher Buchbinder Betriebe

ISBN 3-7701-5538-6